# Rund um kurze Geschichten

## Kopiervorlagen für den Deutschunterricht

Herausgegeben von
Elvira Langbein und Rosemarie Lange

Erarbeitet von
Elvira Langbein, Rosemarie Lange,
Donate Lindenhahn, Astrid Lüttke,
Christian Rühle, Elke Wellmann

Redaktion: Dirk Held, Berlin

Illustrationen: Sylvia Graupner, Annaberg
Umschlaggestaltung: Katrin Nehm
Technische Umsetzung: Julia Walch, Bad Soden

www.cornelsen.de

Bis auf die mit ® gekennzeichneten Texte berücksichtigt dieses Werk
die Regeln der reformierten Rechtschreibung und Zeichensetzung.

2. Auflage, 2. Druck 2007 / 06

© 2005 Cornelsen Verlag, Berlin

Das Werk und seine Teile sind urheberrechtlich geschützt.
Jede Nutzung in anderen als den gesetzlich zugelassenen Fällen bedarf
der vorherigen schriftlichen Einwilligung des Verlages.
Hinweis zu § 52 a UrhG: Weder das Werk noch seine Teile dürfen ohne eine
solche Einwilligung eingescannt und in ein Netzwerk eingestellt werden.
Dies gilt auch für Intranets von Schulen und sonstigen Bildungseinrichtungen.
Die Kopiervorlagen dürfen für den eigenen Unterrichtsgebrauch
in der jeweils benötigten Anzahl vervielfältigt werden.

Druck: H. Heenemann, Berlin

ISBN 978-3-464-61602-4

 Inhalt gedruckt auf säurefreiem Papier aus nachhaltiger Forstwirtschaft.

# Inhaltsverzeichnis

Vorwort und methodische Hinweise ............................................................. 5

## Wohin mit mir?

Christine Nöstlinger: Ich bin das Kind der Familie Meier ............................... 6
Christine Lambrecht: Luise ........................................................................ 7
Herta Müller: Arbeitstag ............................................................................ 8
Sibylle Berg: Hauptsache weit .................................................................. 10
Julia Franck: Streuselschnecke ................................................................ 12
Hans Joachim Schädlich: Am frühen Abend ............................................. 14
Martin Brinkmann: Schöner leben ............................................................ 16
Familie Müller fliegt in den Urlaub – Ein Erzählspiel ................................... 20

## In Sachen Liebe

Christine Nöstlinger: Eine mächtige Liebe ................................................. 22
Tanja Zimmermann: Eifersucht ................................................................. 28
Kurt Marti: Happy End ............................................................................. 29
Max von der Grün: Masken ...................................................................... 30
Martin Suter: Weidmanns Nachtgespräche .............................................. 33
Simone Buchholz: Warum die Liebe flüchtig ist ........................................ 34
Sylvia Plath: Ein Tag im Juni .................................................................... 37
Junge liebt Mädchen – Mädchen liebt Jungen .......................................... 40

## Eine wahre Geschichte?

Mustafa Haikal: Eine Räubergeschichte ................................................... 41
Franz Hohler: Made in Hongkong ............................................................. 43
Peter Bichsel: Jodok lässt grüßen ............................................................ 44
Ludwig Aurbacher: Der Kaufmann und der Zimmermann .......................... 47
Zeitungsgeschichten ............................................................................... 48
Kurt Tucholsky: Wo kommen die Löcher im Käse her? ............................. 50
Franz Hohler: Der Kuss ........................................................................... 53
Ephraim Kishon: Erholung ....................................................................... 54
Erwin Strittmatter: Der Tod meiner Fliege ................................................ 56
Erich Kästner: Wahres Geschichtchen ..................................................... 58

## In den Augen der anderen

Eveline Hasler: Der Wortzerstückler .................................................. 60
David Henry Wilson: Der Elefant auf Papas Auto ................................ 63
Sabine Peters: Unkraut vergeht nicht ................................................ 66
Annette Rauert: Der Schritt zurück .................................................... 68
Selim Özdogan: Zuerst den Linken ..................................................... 70
Gabriele Wohmann: Ein netter Kerl .................................................... 72
Wolfdietrich Schnurre: Beste Geschichte meines Lebens .................... 74
Christa Reinig: Zwillinge .................................................................... 75

Lösungen ........................................................................................... 76

Quellenverzeichnis ............................................................................ 80

## Vorwort und methodische Hinweise

Kurze Geschichten sind aufgrund ihrer Überschaubarkeit und ihrer inhaltlichen Zuspitzung besonders geeignet, die **Leselust** von Schülerinnen und Schülern der Sekundarstufe I zu wecken. Dieses Ziel wird durch eine sorgfältige Textauswahl – die neben vielem Neuen auch manches Bewährte bietet –, durch altersadäquate Themen und durch eine vielfältige didaktische Aufbereitung der Texte unterstützt.

„**Rund um kurze Geschichten**" verfolgt außerdem das Ziel, die **Lesekompetenz** der Schülerinnen und Schüler zu trainieren. Neben handlungs- und produktionsorientierten Aufgabentypen finden sich daher auch Aufgaben, die eine schrittweise Texterschließung auf unterschiedlichen Niveaustufen ermöglichen.

Die Mehrzahl der knapp **30 Geschichten** in diesem Heft kommt mit einer Druckseite aus. Dies empfiehlt sie für den Einsatz in Vertretungsstunden oder auch als Grundlage von Lernstandsüberprüfungen.
Die etwas längeren Texte in diesem Heft werden schrittweise bearbeitet, d. h. der Leseprozess wird an bestimmten Stellen unterbrochen, um das Verständnis des bisher Gelesenen zu sichern.

Die Kopiervorlagen in diesem Heft können sowohl einzeln eingesetzt als auch zu Unterrichtseinheiten kombiniert werden. Sie eignen sich besonders zum differenzierten Einsatz in der Klasse.

# Ich bin das Kind der Familie Meier

*In einer einzigen Geschichte können viele andere Geschichten stecken ...*

Ich bin das Kind der Familie Meier und heiße Burli. Ich wäre viel lieber bei Meiers der Hund! Dann hieße ich Senta und dürfte so laut bellen, dass sich der Nachbar beim Hausverwalter beschwert. Und niemand würde zu mir sagen: „Mund halten, Burli!"

5 Ich wäre auch gerne bei Meiers die Katze. Dann hieße ich Muschi und würde nur fressen, was ich wirklich mag, und den ganzen Tag auf dem Fenster in der Sonne liegen. Und niemand würde zu mir sagen: „Teller leer essen, Burli!"

Am liebsten wäre ich bei Meiers der Goldfisch. Dann hätte ich gar keinen Namen. Ich würde still und glänzend im Wasser schwimmen und meiner Familie beim Le-
10 ben zuschauen. Manchmal würden die Meiers zu meinem Fischglas kommen und mit ihren dicken Fingern ans Glas tupfen und auf mich einreden. Doch das Glas wäre dick und durch das Wasser käme kein Laut zu mir. Dann würde ich mein Fischmaul zu einem höflichen Grinsen verziehen, aber meine Fischaugen würden traurig auf den Meier schauen, der der Kleinste von allen Meiers ist, und ich würde
15 mir denken: Armer Burli!

*Christine Nöstlinger*

### Aufgaben

1. Stelle gegenüber, wie es Burli im Vergleich mit den Tieren geht:

   Burli: _____  Hund: _____

   Burli: _____  Katze: _____

   Burli: *muss am Leben der Familie teilnehmen*  Goldfisch: _____

2. Vielleicht ist das Leben der Tiere gar nicht so, wie Burli es sich vorstellt. Schreibe die Geschichte aus Sicht des Hundes, der Katze oder des Goldfischs.

   *Ich bin der Hund/die Katze/der Goldfisch der Familie Meier. ...*

3. Wie finden Burlis Eltern ihren Sohn? Erzähle die Geschichte aus der Sicht des Vaters oder der Mutter.

   *Mein Sohn Burli ...*

# Luise

Eine der Frauen sagte unvermittelt, dass sie aus Mali kämen, dabei sah sie abwartend in Luises Gesicht.

Dabei strich sie, wie zufällig, über Luises Hand, auch die beiden anderen taten das, bevor sie lächelnd aus dem Raum gingen.

Luise wollte sich nur die Haare kämmen. Sollte sie jetzt sagen, dass sie aus Zerbst sei und keine Vorstellung von Mali hätte? Sie lächelte verlegen und kramte höflich in ihrer Tasche nach dem Kamm. Sie hatte ja nicht damit rechnen können, auf der Bahnhofstoilette von drei Afrikanerinnen angesprochen zu werden.

Als sie den Kopf hob, stand sie plötzlich vor drei Frauen, die lange, fremdartige Kleider trugen. Die drei sahen neugierig zu ihr. Luise blickte an sich herunter. Da war doch nichts Besonderes. Sie trug einen grünen Rock und flache Sportschuhe. Also ging sie weiter, bis an die Waschbecken heran.

Luise mühte sich mit dem Kamm im krausen Haar. Die Frauen sahen interessiert und freundlich zu. Während Luise noch überlegte, ob sie jetzt eindeutig und heftig fluchen sollte oder besser ein deutsches Volkslied singen, trat eine der Frauen plötzlich näher und hielt ihr die Hand fest.

Dann wäre sie vielleicht auch gar nicht hingegangen, bestimmt nicht. Schließlich hatten sich auch die Kollegen an ihre dunklere Hautfarbe gewöhnt und versuchten nicht mehr, nach ihrem Vater zu fragen.

Dann fuhr sie mit einem kleinen Kämmchen, das nur drei lange Zinken hatte, in Luises Haar. Sie setzte immer wieder auf der Kopfhaut an und zog es nach oben, tat dann das Gleiche bei sich und schob das Kämmchen in Luises Tasche.

*Christine Lambrecht*

### Aufgaben

1. Lies den Text und bringe ihn in die richtige Reihenfolge. Gehe so vor:
   - Schneide die Textteile aus.
   - Ordne die Textteile.
   - Vergleiche deine Lösung mit dem Original im Lösungsteil.
   - Klebe die Textteile in der richtigen Reihenfolge auf ein Blatt.

2. Vergleiche das Verhalten Luises und der Frauen aus Mali.

3. Erkläre, weshalb sich Luise den afrikanischen Frauen gegenüber so abweisend verhält.

4. Warum schenkt die Afrikanerin Luise am Schluss den Kamm? Notiere eine mögliche Begründung.

5. Was geht Luise durch den Kopf, als die Afrikanerin ihr den Kamm schenkt?
   Schreibe einen inneren Monolog.

6. Worüber hat Luise nach dieser Begegnung vermutlich nachgedacht? Schreibe ihre Gedanken auf.

# Arbeitstag

Morgens halb sechs. Der Wecker läutet.

Ich stehe auf, ziehe mein Kleid aus, lege es aufs Kissen, ziehe meinen Pyjama an, gehe in die Küche, steige in die Badewanne, nehme das Handtuch, wasche damit mein Gesicht, nehme den Kamm, trockne mich damit ab, nehme die Zahnbürste, kämme
5  mich damit, nehme den Badeschwamm, putze mir damit die Zähne. Dann gehe ich ins Badezimmer, esse eine Scheibe Tee und trinke eine Tasse Brot.

Ich lege meine Armbanduhr und die Ringe ab.

Ich ziehe meine Schuhe aus.

Ich gehe ins Stiegenhaus, dann öffne ich die Wohnungstür.
10  Ich fahre mit dem Lift vom fünften Stock in den ersten Stock.

Dann steige ich neun Treppen hoch und bin auf der Straße.

Im Lebensmittelladen kaufe ich mir eine Zeitung, dann gehe ich bis zur Haltestelle und kaufe mir Kipfel, und, am Zeitungskiosk angelangt, steige ich in die Straßenbahn.
15  Drei Haltestellen vor dem Einsteigen steige ich aus.

Ich erwidere den Gruß des Pförtners, dann grüßt der Pförtner und meint, es ist wieder mal Montag und wieder mal ist eine Woche zu Ende.

Ich trete ins Büro, sage auf Wiedersehen, hänge meine Jacke an den Schreibtisch, setze mich an den Kleiderständer und beginne zu arbeiten. Ich arbeite acht Stunden.

*Herta Müller*

**Aufgabe**

1. Welche der folgenden Aussagen trifft auf den Text zu. Kreuze an.
   Bearbeite anschließend Aufgabe 2.

   ☐ Die Frau führt ihre Handlungen in umgekehrter Reihenfolge aus.
   ☐ Die Handlungen der Frau passen gar nicht zusammen.
   ☐ Die Frau verwechselt immer zwei Dinge miteinander.

*Fortsetzung auf Seite 9*

*Fortsetzung von Seite 8*     **Arbeitstag**

**Aufgaben**

2. Mit Hilfe dieses Puzzles kannst du deine Antwort aus Aufgabe 1 überprüfen.
   Gehe so vor:
   - Schneide die Puzzleteile aus.
   - Versuche, die Teile in eine „sinnvolle" Reihenfolge zu bringen.
   - Wenn sich keine „sinnvolle" Reihenfolge ergibt, tausche einzelne Wörter aus.
   - Versuche nun noch einmal, eine „sinnvolle" Reihenfolge herzustellen.
   - Siehst du deine Antwort aus Aufgabe 1 bestätigt oder widerlegt? Korrigiere gegebenenfalls.

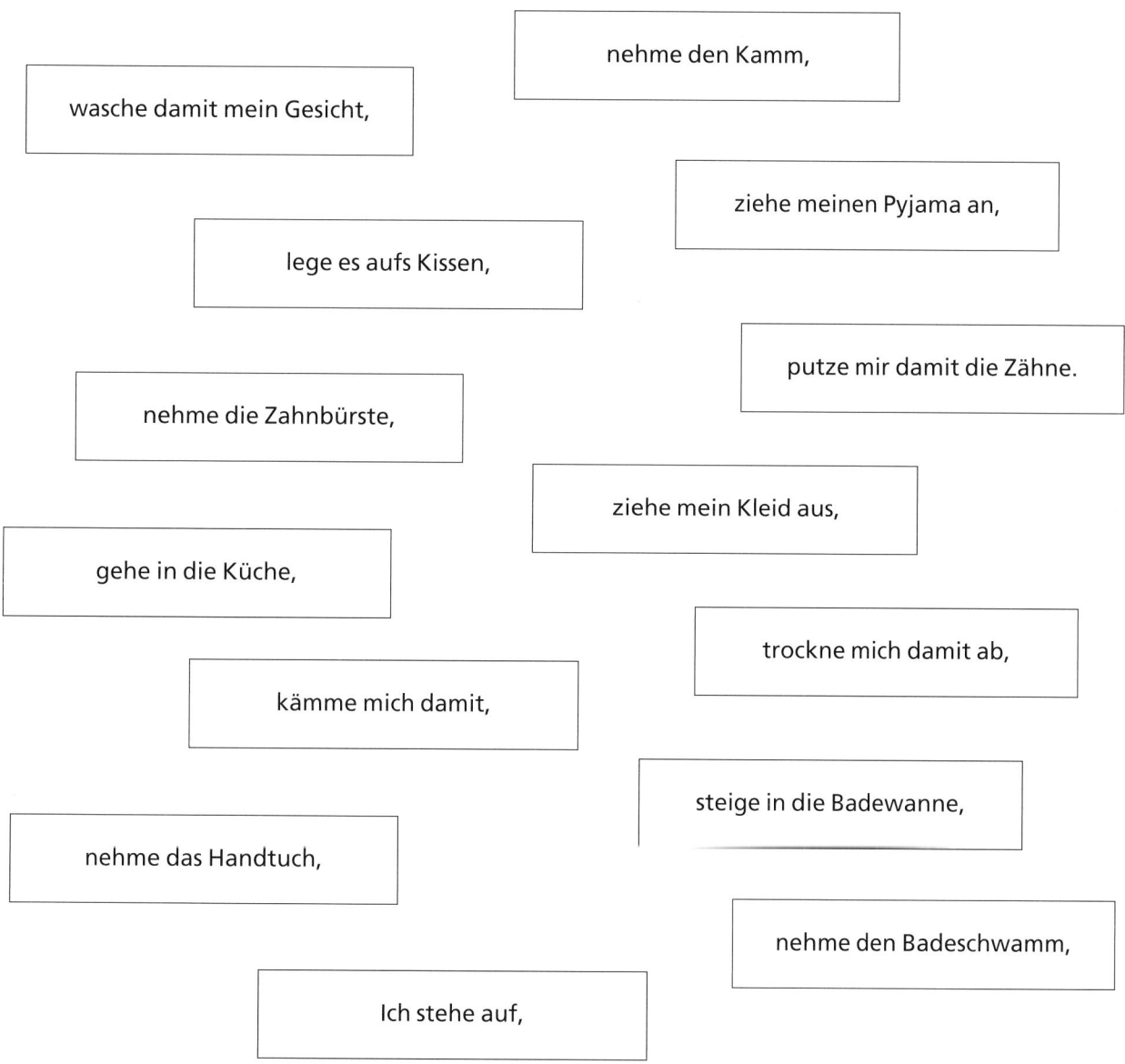

3. Es gibt drei Sätze im Text (S. 8), die nicht im Widerspruch zu einem gewöhnlichen Tagesablauf stehen. Markiere sie mit roter Farbe.

4. Versuche, den Sinn dieser Geschichte zu erklären.

5. Formuliere einen Paralleltext, zum Beispiel zum Thema „Schultag".

# Hauptsache weit

Und weg, hatte er gedacht. Die Schule war zu Ende, das Leben noch nicht, hatte noch nicht begonnen, das Leben. Er hatte nicht viel Angst davor, weil er noch keine Enttäuschung kannte. Er war ein schöner Junge mit langen dunklen Haaren, er spielte Gitarre, komponierte am Computer und dachte, irgendwie werde ich wohl später nach London gehen, was Kreatives machen. Aber das war später. Und nun?

Warum kommt der Spaß nicht? Der Junge hockt in einem Zimmer, das Zimmer ist grün, wegen der Neonleuchte, es hat kein Fenster und der Ventilator ist sehr laut. Schatten huschen über den Betonboden, das Glück ist das nicht, eine Wolldecke auf dem Bett, auf der schon einige Kriege ausgetragen wurden. Magen gegen Tom Yan, Darm gegen Curry. Immer verloren, die Eingeweide. Der Junge ist 18, und jetzt aber Asien, hatte er sich gedacht. Mit 1000 Dollar durch Thailand, Indien, Kambodscha, drei Monate unterwegs, und dann wieder heim, nach Deutschland. Das ist so eng, so langweilig, jetzt was erleben und vielleicht nie zurück. Hast du keine Angst, hatten die blassen Freunde zu Hause gefragt, so ganz alleine? Nein, hatte er geantwortet, man lernt ja so viele Leute kennen unterwegs. Bis jetzt hatte er hauptsächlich Mädchen kennen gelernt, nett waren die schon, wenn man Leute mag, die einen bei jedem Satz anfassen. Mädchen, die aussahen wie dreißig und doch so alt waren wie er, seit Monaten unterwegs, die Mädchen, da werden sie komisch. Übermorgen würde er in Laos sein, da mag er jetzt gar nicht dran denken, in seinem hässlichen Pensionszimmer, muss Obacht geben, dass er sich nicht aufs Bett wirft und weint, auf die Decke, wo schon die anderen Dinge drauf sind. In dem kleinen Fernseher kommen nur Leute vor, die ihm völlig fremd sind, das ist das Zeichen, dass man einsam ist, wenn man die Fernsehstars eines Landes nicht kennt und die eigenen keine Bedeutung haben. Der Junge sehnt sich nach Stefan Raab, nach Harald Schmidt und Echt. Er merkt weiter, dass er gar nicht existiert, wenn es nichts hat, was er kennt. Wenn er keine Zeitung in seiner Sprache kaufen kann, keine Klatschgeschichten über einheimische Prominente lesen, wenn keiner anruft und fragt, wie es ihm geht. Dann gibt es ihn nicht. Denkt er. Und ist unterdessen aus seinem heißen Zimmer in die heiße Nacht gegangen, hat fremdes Essen vor sich, von einer fremdsprachigen Serviererin gebracht, die sich nicht für ihn interessiert, wie niemand hier. Das ist wie tot sein, denkt der Junge. Weit weg von zu Hause, um anderen beim Leben zuzusehen, könnte man umfallen und sterben in der tropischen Nacht und niemand würde weinen darum. Jetzt weint er doch, denkt an die lange Zeit, die er noch rumbekommen muss, alleine in heißen Ländern mit seinem Rucksack, und das stimmt so gar nicht mit den Bildern überein, die er zu Hause von sich hatte. Wie er entspannt mit Wasserbüffeln spielen wollte, in Straßencafés sitzen und cool sein. Was ist, ist einer mit Sonnenbrand und Heimweh nach den Stars zu Hause, die sind wie ein Geländer zum Festhalten. Er geht durch die Nacht, selbst die Tiere reden ausländisch, und dann sieht er etwas, sein Herz schlägt schneller. Ein Computer, ein Internet-Café. Und er setzt sich, schaltet den Computer an, liest seine E-Mails. Kleine Sätze von seinen Freunden, und denen antwortet er, dass es ihm gut gehe und alles großartig ist, und er schreibt und schreibt und es ist auf einmal völlig egal, dass zu seinen Füßen ausländische Insekten so groß wie Meerkatzen herumlaufen, dass das fremde Essen im Magen drückt. Er schreibt seinen Freunden über die kleinen Katastrophen und die fremde Welt um ihn verschwimmt, er ist nicht mehr allein, taucht in den Bildschirm ein, der ist wie ein weiches Bett, er denkt an Bill Gates und Fred Apple, er schickt ein Mail an Sat 1, und für ein paar Stunden ist er wieder am Leben, in der heißen Nacht weit weg von zu Hause.

*Sibylle Berg*

*Fortsetzung von Seite 10* **Hauptsache weit**

### Aufgaben

1. Fülle die folgende Gegenüberstellung aus Sicht des Jungen aus. Notiere Stichworte.

   So hat er sich sein „Abenteuer" vorgestellt:

   So erlebt er sein „Abenteuer":

   So war Deutschland für ihn:

   So betrachtet er Deutschland aus der Ferne:

2. Warum bricht der Junge seine Reise nicht ab? Notiere mögliche Gründe.

3. Diskutiert über den Satz: „Er merkt weiter, dass er gar nicht existiert, wenn es nichts hat, was er kennt." Trifft das nur auf den Jungen zu oder ist das bei allen Menschen so?

4. Im letzten Satz der Geschichte heißt es, der Junge sei durch das Internetcafé „wieder am Leben". Erkläre diese Aussage.

5. Schreibt – jeder für sich – drei unverzichtbare Dinge auf, die ihr auf eine lange Reise mitnehmen würdet. Begründet eure Auswahl und vergleicht eure Ergebnisse.

# Streuselschnecke

Der Anruf kam, als ich vierzehn war. Ich wohnte seit einem Jahr nicht mehr bei meiner Mutter und meinen Schwestern, sondern bei Freunden in Berlin. Eine fremde Stimme meldete sich, der Mann nannte seinen Namen, sagte mir, er lebe in Berlin, und fragte, ob ich ihn kennen lernen wolle. Ich zögerte, ich war mir nicht sicher. Zwar hatte ich schon viel über solche Treffen gehört und mir oft vorgestellt, wie so etwas wäre, aber als es so weit war, empfand ich eher Unbehagen. Wir verabredeten uns. Er trug Jeans, Jacke und Hose. Ich hatte mich geschminkt. Er führte mich ins Café Richter am Hindemithplatz, und wir gingen ins Kino, ein Film von Rohmer. Unsympathisch war er nicht, eher schüchtern. Er nahm mich mit ins Restaurant und stellte mich seinen Freunden vor. Ein feines, ironisches Lächeln zog er zwischen sich und die anderen Menschen. Ich ahnte, was das Lächeln verriet. Einige Male durfte ich ihn bei seiner Arbeit besuchen. Er schrieb Drehbücher und führte Regie bei Filmen. Ich fragte mich, ob er mir Geld geben würde, wenn wir uns treffen, aber er gab mir keines, und ich traute mich nicht, danach zu fragen. Schlimm war das nicht, schließlich kannte ich ihn kaum, was sollte ich da schon verlangen? Außerdem konnte ich für mich selbst sorgen, ich ging zur Schule und putzen und arbeitete als Kindermädchen. Bald würde ich alt genug sein, um als Kellnerin zu arbeiten, und vielleicht wurde ja auch noch eines Tages etwas Richtiges aus mir. Zwei Jahre später, der Mann und ich waren uns noch immer etwas fremd, sagte er mir, er sei krank. Er starb ein Jahr lang, ich besuchte ihn im Krankenhaus und fragte, was er sich wünsche. Er sagte mir, er habe Angst vor dem Tod und wolle es so schnell wie möglich hinter sich bringen. Er fragte mich, ob ich ihm Morphium besorgen könne. Ich dachte nach, ich hatte einige Freunde, die Drogen nahmen, aber keinen, der sich mit Morphium auskannte. Auch war ich mir nicht sicher, ob die im Krankenhaus herausfinden wollten und würden, woher es kam. Ich vergaß seine Bitte. Manchmal brachte ich ihm Blumen. Er fragte nach dem Morphium, und ich fragte ihn, ob er sich Kuchen wünsche, schließlich wusste ich, wie gerne er Torte aß. Er sagte, die einfachen Dinge seien ihm jetzt die liebsten – er wolle nur Streuselschnecken, nichts sonst. Ich ging nach Hause und buk Streuselschnecken, zwei Bleche voll. Sie waren noch warm, als ich sie ins Krankenhaus brachte. Er sagte, er hätte gerne mit mir gelebt, es zumindest gern versucht, er habe immer gedacht, dafür sei noch Zeit, eines Tages – aber jetzt sei es zu spät. Kurz nach meinem siebzehnten Geburtstag war er tot. Meine kleine Schwester kam nach Berlin, wir gingen gemeinsam zur Beerdigung. Meine Mutter kam nicht. Ich nehme an, sie war mit anderem beschäftigt, außerdem hatte sie meinen Vater zu wenig gekannt und nicht geliebt.

*Julia Franck*

**Aufgaben**

1. Wieso ist der letzte Satz der Geschichte so überraschend? Erkläre.

2. Was erfährst du über das Leben des Mädchens? Notiere Stichworte.

   mit dreizehn: _____

   mit vierzehn: _____

   mit sechzehn: _____

   mit siebzehn: _____

*Fortsetzung von Seite 12* **Streuselschnecke**

**Aufgaben**

3. Beurteile das Verhalten des Mädchens gegenüber ihrem Vater. Kreuze an und begründe.

   gefühlskalt ☐   vorsichtig ☐   zurückhaltend ☐

   stürmisch ☐   emotional ☐

   Begründung: _____
   _____
   _____
   _____
   _____

4. „Er starb ein Jahr lang …" – Versetze dich in die Lage des Mädchens und schreibe einen inneren Monolog, in dem es sich mit dem Tod ihres Vaters auseinandersetzt.

5. Wie ist das Verhältnis des Mädchens zu seiner Mutter? Antworte mit Hilfe des Textes.
   _____
   _____

6. Warum hat Julia Franck ihre Geschichte „Streuselschnecke" genannt? Suche eine mögliche Erklärung.
   _____
   _____
   _____
   _____
   _____

# Am frühen Abend

**Aufgabe**

1. Fasse die einzelnen Textabschnitte kurz zusammen. Schreibe auf die Linien rechts.

Am frühen Abend des achtundzwanzigsten Februar betrat der junge Handelsreisende Saller die kleine Halle des Bahnhofs von Schwäbisch Hall, einem Ort in der Nähe Stuttgarts.
Die Luft ist um diese Zeit kalt, sodass Saller die Helle und Wärme der kleinen Halle willkommen war. Er sah, dass auf dem steinernen Fußboden vor dem Ofen ein Mann lag. Saller gab sich den Anschein, als achte er nicht auf den Schlafenden. Er betrachtete den Fahrplan, suchte die Abfahrtszeit des Zuges, mit welchem er in das nahe Stuttgart fahren wollte, sah auf die Uhr über der Tür und warf einen schnellen Blick auf den Mann. Saller bemerkte, dass der Mann sich den Anschein gab, als bemerke er Saller nicht.
Saller setzte sich. Zu seiner Linken hatte er den halbwachen Mann im Auge.
Bis zur Einfahrt seines Zuges waren es noch sieben, bis zur Abfahrt acht Minuten. Saller rechnete zwei Minuten für den Weg zum Bahnsteig. Sechs Minuten kann ich ausruhen, sagte er.
Der Mann sagte nichts.
Saller sah das strähnige, wirre Haar des Mannes, die schmutzig-braune Haut des Gesichts, den schütteren Vollbart, die fleckige Joppe, deren Knöpfe fehlten, die schmutzig-schwarzbraune Haut der Hände, die schmierige Hose, die nassen Halbschuhe.
Saller sagte auf gut Glück, Es ist zu kalt auf dem Steinfußboden.
Der Mann öffnete die Augen, sagte, Ich wollte am Ofen stehen, aber die Beine, die verdammten, tragen mich nicht mehr. Ich bin zusammengesackt. Ich habe Beine, ganz kaputt. Wund. Die Wunden groß wie meine Hand.
Auf der Bank wäre es besser für Sie, sagte Saller und zeigte auf den Platz neben sich.
Aber wie hinkommen, sagte der Mann.
Ich könnte Ihnen helfen, sagte Saller.
Aber Sie können mich nicht tragen, sagte der Mann.
Nein, sagte Saller.
Ich hab mir was gebettelt in Schwäbisch Hall, sagte der Mann. Aber nicht viel. Leute, fromm und geizig.
Wo wollen Sie hin, sagte Saller.
Wo will ich hin, sagte der Mann. Wohin soll ich wollen. Ich bin hier.
Hier können Sie nicht bleiben, sagte Saller.
Wie soll ich weg? Allein schaff ich es nicht. Mir hilft kein Gott und kein Bulle. Und wenn ich drei Mal schrei, Herzlieber Jesu mein.
Sie brauchen einen Arzt, sagte Saller.
Du redest, wie du's verstehst. Wie klein Moritz, sagte der Mann. Bezahlst du den Arzt?
Nein, sagte Saller. Einen Notarzt.
Hatte ich schon, sagte der Mann. Hat leise gesagt zu mir, Dreckskerl elender.

*Saller betritt den Bahnhof von*
*Schwäbisch Hall*
*auf dem Boden liegt ein Mann*

*Fortsetzung auf Seite 15*

*Fortsetzung von Seite 14*     **Am frühen Abend**

Sie müssen in ein Krankenhaus, sagte Saller.
50 Und wo?, sagte der Mann.
In Stuttgart, sagte Saller.
Bravo!, sagte der Mann. Darauf noch'n Asbach uralt. Ich schaff's nicht bis zu deiner Bank, der Doktor fasst mich nicht an, die Bullen rollen mich aus'm Bahnhof und der liebe Gott
55 selig pfeift auf mich. Nee, Märchen glaub ich nur noch meine eigenen.
Saller schwieg.
Der Zug nach Stuttgart fuhr ein. Saller stand auf, sagte, Auf Wiedersehen! und ging auf den Bahnsteig.
60 Der Mann sagte, Er hilft mir auch nicht.

*Hans Joachim Schädlich*

**Aufgaben**

2. Wie verhält sich Saller gegenüber dem Obdachlosen? Kreuze an und begründe deine Antwort mit Textbelegen.

    freundlich ☐

    herablassend ☐

    ignorant ☐

    höflich ☐

3. Welche Rolle spielt die Zeit für Saller und für den Obdachlosen? Notiere.

4. Warum hat der Obdachlose keine Hoffnung mehr? Nenne Gründe.

5. Erkläre, warum Hans Joachim Schädlich diese Geschichte auf einem Bahnhof spielen lässt. Was bedeutet der Bahnhof für Saller? Was bedeutet er für den Obdachlosen?

6. Erläutere den letzten Satz: „Er hilft mir auch nicht." Wie hätte Saller dem Obdachlosen helfen können?

# Schöner leben

**Aufgaben**

1. Notiere, was du von einem Text mit diesem Titel erwartest.

Mit Schwung nimmt der Bus die leichte Steigung aus dem breiten Kanal der Straße in das lichthelle Brückenstück, das hier über einen Seitenarm der Oker führt, und kaum hat man einen Blick auf das stumpfe Wasser erhascht, auf die am Ufer entlangstehenden Häuser und Zäune, hält der Bus ruckartig und schon wieder im Schatten eines Gebäudes an der Haltestelle Okerbrücke. Mit einem zischenden Seufzer klappt die Tür auf, von hier aus ist es nicht mehr weit bis zur Spinnerstraße. Zu allem Unglück wohnt er auch noch in der Spinnerstraße.

Die Wohnung, ein so genanntes Single-Appartement, ist ungünstig geschnitten, irgendwie trapezartig, aber dabei auf einer Seite noch gerundet. Schreibtisch, Kommode, eine am Boden liegende Matratze, Bastmatten über dem PVC-Belag. Es ist kaum Platz da zum Ausschreiten. Aber wozu sollte er auch ausschreiten?

Die Wohnung deprimiert ihn. Das tat sie von Anfang an. Nichts an ihr ist sonderlich wohnlich. Die Wände sind weiß. Alles funktioniert. Macht man im Bad Licht, geht gleich die Lüftung los. Er hat nicht das Gefühl, irgendwo angekommen zu sein.

Braunschweig selbst, das wenige, das er bisher gesehen hat, besteht aus breiten, endlosen Straßen, Ausfall- und Einfallstraßen, was weiß man. In der Stadt verläuft er sich regelmäßig. Das ist aber nicht das Schlimmste. Das Problem ist, er kennt niemanden. Er lernt auch niemanden kennen. Er besucht zwar seine Seminare und Vorlesungen, ja gut, mittags sieht man ihn vor der Mensa in den Büchertischen herumwühlen, sich in die Schlange der Studenten einreihen und sein Tablett an irgendeinen Tisch tragen, er liest dann die politischen Flugblätter, ein bisschen neidisch auf die Konflikte der anderen, das ist aber auch schon alles.

Jeden Tag findet er sich im Supermarkt wieder. Für den Rückweg bietet sich das an. Seine alte Schultasche liegt im Einkaufswagen. Nie zuvor ist er so häufig im Supermarkt gewesen, nie zuvor hat er so viele Bierdosen durch die Straßen geschleppt wie in diesem Sommer, dem Sommer des Studenten. Ruckartig hält der Bus, die Tür klappt zischend auf, von hier aus, Haltestelle Okerbrücke, ist es nicht mehr weit bis zur Spinnerstraße.

2. Was ist ein Single-Appartement? Erkläre.

3. Worin besteht das Hauptproblem des Studenten? Antworte mit einem Satz aus dem Text.

4. Im Text finden sich Formulierungen wie „was weiß man" und Wörter wie „irgendwie".
   Was wird durch diese Wortwahl über den Studenten ausgesagt?

*Fortsetzung auf Seite 17*

*Fortsetzung von Seite 16* **Schöner leben**

Zweiter Stock, ganz am Ende des langes Ganges, dort ist das Appartement Nr. 28 – zurück in seiner Wohnung, rechnet er immer mit einer Nachricht. Aber das ist Unsinn, denn wo sollte sie herkommen, er besitzt ja keinen Anrufbeantworter!

Am Wochenende geht er ins *Panopticum*. Er steht oben am Tresen und beobachtet die jungen Menschen. Wenn er einem ihm bekannten Gesicht aus dem Studium begegnet, wundert er sich kurz darüber, dass man ihn nicht erkennt, aber irgendwann gewöhnt er sich daran, dass es nicht so einfach ist, erkannt zu werden. Er macht sich keine Gedanken mehr darüber und bestellt noch ein Bier und bleibt auf der Stelle stehen. Ein Fenster hinter der Theke ist geöffnet. Kühle, angenehme Luft kommt herein, und er sieht auf die befahrene Kreuzung in der Dunkelheit.

Einmal war er auf einer Studentenwohnheim-Party. Das war weiter außerhalb. Es ist ihm selbst ein Rätsel, wie er da hingefunden hat. Stundenlang lief er dann besoffen durch die Räume. Später schwamm jemand draußen im See mit einer Fackel zur Insel. Er fragte sich die ganze Zeit, was das bloß für eine Insel war.

Zur Mensa-Party kam er viel zu früh. Der Saal war noch fast leer, aber eine Stunde später, als es sich langsam füllte, war er schon einigermaßen betrunken, und vom vielen An-der-Wand-Stehen und In-den-leeren-Saal-Starren waren seine Gedanken nicht mehr die freundlichsten, sodass er nach Hause gehen musste. Er hatte mit einem Mal Angst vor jeder weiteren wachen Minute.

Am Sonntag ist es am schlimmsten. Er hat nicht den blassesten Schimmer, was er mit seiner Zeit anfangen soll. Es hat keinen Sinn, nach der Post zu schauen. Nicht dass er welche bekäme, er trägt sogar die Werbeblätter der Supermärkte und die kostenlosen Zeitungen mit den schlimmen Lokalnachrichten über Zirkus Krone, Eintracht Braunschweig und den Studentenstreik in sein Zimmer, damit es so aussieht, als hätte er mit nichts anderem gerechnet.

**Aufgaben**

5. Auf was für eine Nachricht könnte der Student warten? Stellt gemeinsam Vermutungen an.

6. Wie verhält sich der Student im Panopticum und auf den beiden Partys? Schreibe auf die Linien rechts.

7. Deute die Aussage, er „bleibt auf der Stelle stehen", in übertragenem Sinne.

8. Erkläre mit eigenen Worten, warum es am Sonntag „am schlimmsten" ist.

*Fortsetzung von Seite 17*

**Schöner leben**

Jeden Morgen wacht er verkatert auf. Beim Duschen schmiegt sich der Vorhang an seinen Körper. Er muss sich in die Ecke drücken. Der Hahn verstellt sich, das Wasser wird mal heiß, mal kalt. Nie wird er es schaffen, die entsprechenden Gewichte zu besorgen und unten an den Vorhang zu klippen.

Frisch geduscht setzt er sich an den Schreibtisch und trinkt Kaffee. Alles scheint bestens geregelt. Er sieht zum Fenster raus. Unten ist irgendein Tümpel, in den ab und zu Wasser hineinrauscht. Er fragt sich schon lange, was um Gottes willen es damit bloß auf sich hat.

Rundherum stehen die gleichen Gebäude wie das, in dem er wohnt, mit den gleichen Balkonen, auf denen aber, im Unterschied zu seinem, Stühle stehen, auch Sonnenschirme. Es scheint ja sogar die Sonne.

Er wird jetzt tätig, bringt den Müll raus. Die Container sind hinter dem Haus. Der Himmel ist klar. Es ist immer noch vormittags. Ab elf ist mit keiner Post mehr zu rechnen.

Er könnte versuchen, die Zeitung zu lesen. Die Wahrheit sieht aber anders aus. Wenn man tagelang mit keinem Menschen geredet hat, ist es eine ziemlich unsinnige Angelegenheit, die Zeitung zu lesen. Man ist sehr schnell beleidigt darüber, dass anderswo noch etwas stattfindet.

Zur Abwechslung holt er sich deshalb Waschmarken bei der Hausverwaltung. Dann trägt er seine Wäsche in einem alten Pappkarton in den Keller, und die Waschmaschinen geben ihm die Gelegenheit, auf etwas zu warten.

Wenn ihm am Nachmittag zu langweilig wird, geht er in die Uni-Bibliothek. Am Rechner klickt er irgendwelche alten Bücher an, vielleicht was mit germanischen Mythen, und eine halbe Stunde später sind die Bücher tatsächlich bei der Ausgabe zu haben. Ein Förderband schleppt das Zeug aus dem Keller hoch. Man braucht es nur anzuklicken. Gleich darauf gibt er die Bücher unter dem Vorwand, es seien nicht die richtigen, wieder ab und geht nach draußen in die Sonne.

Die Semesterferien, darauf läuft es hinaus, sind für ihn bei Weitem schwieriger als das Semester, denn jetzt hat er keinen einzigen festen Termin mehr.

**Aufgaben**

9. Der Student hat viel Zeit. Wieso schafft er es dann nicht, Gewichte für den Duschvorhang zu besorgen? Stelle Vermutungen an.

10. Stell dir vor, der Student würde Tagebuch führen. Schreibe einen Eintrag für einen gewöhnlich ablaufenden Tag in dein Heft. Erwähne dabei auch Gedanken und Gefühle.

*Fortsetzung auf Seite 19*

*Fortsetzung von Seite 18*  **Schöner leben**

In der Nähe der Spinnerstraße steht der Turm irgendeiner Fabrik in den Himmel. Zu Anfang, zu Beginn des Sommersemesters im letzten Jahr, ist er einmal an der Oker entlanggegangen, die dort sehr dreckig ist. Bis zum Turm ist er nicht gekommen. Er ist eine Böschung hochgestiegen, und da war auch schon wieder eine Einfall- oder Ausfallstraße, was weiß man.

Zu Anfang hat der Turm ihm immer als Orientierungspunkt gedient. Man sieht ihn schon vom Zug aus, lange bevor der Hauptbahnhof erreicht ist. Er erinnert ihn jedes Mal daran, dass er sich an irgendwas orientieren muss, wie man sagt.

Auch vom Park aus ist er sichtbar. Manchmal geht er in den Park. In seiner Nähe sind sogar die Straßen und Häuser schöner. Kopfsteinpflaster und kleine Cafés, Balkone, auf denen er gern sitzen würde. Er denkt sich Geschichten aus, die er erleben könnte.

Als Spaziergänger in diesen Straßen vergisst er die Versuchsanordnung in der Spinnerstraße.

Es ist tatsächlich Sommer. Blättersprühende, lichtbeschienene Bäume, ein paar Wölkchen am blauen Himmel. Im Park spielen Menschen Frisbee und grillen. Sie trinken Bier und werfen ihren Hunden Stöcke ins funkelnde, Lichtreflexe hervorbringende Wasser.

Überall laufen triefend nasse Hunde herum. Einige hecheln um die Bank, auf der er sitzt. Sie sind ihm zu groß. Außerdem wird ihm sein Sitzen bald selbst zum Ärgernis, sodass er sich erhebt. Zum Glück ist jetzt wenigstens die Wärme des Tages ausgestanden.

Auf dem Rückweg schaut er bei der Tankstelle vorbei. Eigentlich ist es zu früh. Aber er hat Angst, sein Biervorrat könnte nicht ausreichen. Für heute kann er ohnehin nichts mehr ausrichten.

Im Hausflur kommt ihm in dem Moment ein junges Mädchen entgegen, vermutlich eine Mitbewohnerin. Er sieht sie zum ersten Mal. Oben herum trägt sie nur ein Top. Ihr mit Spitzen besetztes Höschen ist sichtbar, weil aus irgendeinem Grund die Hose zu tief hängt. Er schaut ihr nach.

Und dann beschließt er, seitdem er hier lebt zum ersten Mal, den Fahrstuhl zu benutzen.

Er fährt ganz nach oben.

*Martin Brinkmann*

**Aufgaben**

11. Der Student denkt sich Geschichten aus, die er erleben könnte. Erzähle eine dieser Geschichten.

12. Deute das Wort „Versuchsanordnung" in Zeile 151.
    Versuche dabei, die folgenden Fragen zu beantworten:
    - Wer ist der Versuchsleiter?
    - Wer ist die Versuchsperson?
    - Wie könnte man diesen Versuch nennen?

13. Wie geht die Geschichte aus? Deute den Schluss.

# Familie Müller fliegt in den Urlaub – Ein Erzählspiel

Wenn Familie Müller in den Urlaub fährt, ist immer etwas los. Nicht nur im Urlaub selbst, schon bei der Abfahrt und am Flughafen geht alles drunter und drüber …
Und dann ist da auch noch die Nachbarin, die das Haus der Müllers hütet.

### Ziel des Spiels
In diesem Spiel für 2 bis 6 Spieler soll reihum eine komplette Urlaubsgeschichte erzählt werden.

### Vorbereitung
- Schneidet die Karten aus.
- Beschriftet die Karten auf ihrer Rückseite.
- Schreibt auf die Rückseite der Perspektiven-Karten das Wort „Perspektive".
- Schreibt auf die Rückseite der Hindernis-Karten jeweils eine Nummer. Eine 1 für die Abreise-Karten, eine 2 für die Flughafen-Karten usw.
- Sortiert die Karten und stapelt sie verdeckt.
- Vereinbart, wie viele Hindernis-Karten ihr pro Stapel ziehen wollt.
- Einigt euch auf eine Erzählzeit pro Karte. Ein Spieler sollte nicht länger als 1 Minute erzählen.

### Spielablauf
- Jeder Mitspieler zieht eine Perspektiven-Karte.
  Die Spieler erzählen während des ganzen Spiels nur aus der Perspektive ihrer Figur.
  Hat ein Spieler die Erzählerkarte gezogen, erzählt er immer in der Er-Form.
- Der jüngste Spieler zieht eine Karte vom ersten Hindernisstapel, deckt sie für alle sichtbar auf und beginnt zu erzählen. Dabei hält er sich an den Inhalt, der auf der Karte vorgegeben ist, und beachtet die besonderen Erzählhinweise.
- Dann übernimmt der zweite Spieler. Auch er zieht eine Hindernis-Karte und erzählt die Geschichte aus der Perspektive seiner Figur weiter.
- Dann übernimmt der dritte Spieler …

### Perspektiven-Karten

| Oma | Vater | Mutter | Tochter | Sohn | Erzähler |

### Hindernis-Karten 1: „Vor der Abreise"

| Das Taxi kommt nicht und Mutter wird immer nervöser … | Die Tochter will nicht mitfahren. Sie hat drei gute Gründe … | Vater bekleckert sein einziges Hawaiihemd … |

| Der Sohn hat seinen Koffer noch nicht gepackt. Vater drängelt … | Oma sucht ihre Lieblingsbluse im Schrank ihrer Enkelin. Die ist nicht begeistert … | Die Nachbarin klingelt, um den Schlüssel abzuholen. Niemand hat Zeit … |

*Fortsetzung auf Seite 21*

*Fortsetzung von Seite 20*      **Familie Müller fliegt in den Urlaub – Ein Erzählspiel**

### Hindernis-Karten 2: „Am Flughafen"

| | | |
|---|---|---|
| Oma hat Flugangst. Mutter versucht, sie zu beruhigen … | Die Tochter verschwindet auf die Toilette, um ihre Frisur zu richten. Der kleine Bruder lästert … | Vater sucht in allen Taschen nach den Flugtickets. Er führt dabei ein Selbstgespräch … |
| Das Flugzeug verspätet sich. Mutter ärgert sich, weil sie sich zu Hause so beeilt hat … | Der Sohn hat seinen Gameboy vergessen … | Die Nachbarin ruft auf Vaters Handy an und fragt, ob sie auch die Fische füttern soll … |

### Hindernis-Karten 3: „Ankunft in der Ferienwohnung"

| | | |
|---|---|---|
| Mutter stellt fest, dass ein Koffer fehlt … | Die Tochter entdeckt Spinnen in der Wohnung … | Es regnet. Die Familie macht sich gegenseitig Mut … |
| Es gibt keinen Fernseher. Oma muss zwei Wochen auf ihre Lieblingsserie verzichten und ist untröstlich … | Die Nachbarin meldet sich, weil … | Vater dreht das Wasser an und hat den Hahn in der Hand. Er stellt den Portier auf Deutsch zur Rede. Der versteht kein Wort … |

### Hindernis-Karten 4: „Während des Urlaubs"

| | | |
|---|---|---|
| Oma ist unterwegs und findet nicht zurück. Ein Selbstgespräch … | Das Mietauto bleibt liegen. Vater versucht sich als Automechaniker, bis der Sohn vermutet, dass der Tank leer ist … | Vater schneidet sich beim Kochen in den Finger. Mutter fährt ihn ins Krankenhaus … |
| Die Tochter begegnet ihrer Mathematiklehrerin … | Der Sohn verliert seine Sonnenbrille und ist den ganzen Tag genervt … | Die Nachbarin ruft an, weil sie die Alarmanlage ausgelöst hat. Mutter versucht, ihr zu erklären, wie man sie wieder ausschalten kann … |

# Eine mächtige Liebe

Kitti und ihre Eltern wohnten im ersten Stock. Im zweiten Stock wohnten Michl und seine Eltern. Die Wohnung im dritten Stock stand leer. Sie gehörte der „Frau General". Die war im Pflegeheim, und der Mann, dem das Haus gehörte, wartete ungeduldig darauf, dass die Frau General endlich starb, weil er die Wohnung vorher an niemand anderen vermieten durfte. Bevor die Frau General ins Pflegeheim gegangen war, hatte sie alle Blumentöpfe auf den Gang vor die Wohnungstür gestellt: das Philodendron, die Zimmerlinde, den Gummibaum, den Christusdorn und eine Menge anderer grüner Stauden. Kitti und Michl hatten der Frau General versprochen, die Blumen zu hüten. Und sie hielten ihr Versprechen. Zweimal die Woche gossen sie die Blumen, alle zwei Wochen einmal taten sie Blumendünger ins Gießwasser, und jeden Monat einmal schrieben sie der „Frau General" einen Brief, in dem stand, dass die Blumen gut weiterlebten und keine gelben Blätter hatten und tüchtig wuchsen.

Kitti und Michl nannten den Gang im dritten Stock: unseren Urwald. Sie waren gern dort. Nicht nur zum Blumengießen. Michl hatte eine blaue Luftmatratze in den Urwald gebracht. Kitti hatte eine rote Decke und zwei gelbe Kissen hinaufgetragen. Im Sommer lag die Decke auf der Luftmatratze, und die Kissen – hübsch ordentlich mit eingeknickten Oberkanten – lehnten am Ende der Matratze, dort, wo sie an die Mauer stieß. Im Winter bauten Kitti und Michl aus der Decke ein Zelt. Die Luftmatratze und die Kissen waren dann im Zelt drinnen.

Man musste genau hinschauen, um das Zelt überhaupt zu bemerken. Es war fast verdeckt von den dunklen Philodendronblättern und den hellen Zimmerlindenblättern und den gestreiften Wasserlilienblättern und den gesprenkelten Gummibaumblättern.

Die Eltern von Kitti und Michl lachten über den Urwald. Sie sagten: „Die beiden lieben sich mächtig! Ein Urwald ist zum Mächtiglieben gerade richtig!" Und ein bisschen ärgerten sie sich auch über den Urwald. Sie sagten: „Da richtet man den Kindern für teures Geld herrliche Kinderzimmer ein, und dann hocken sie dauernd auf dem zugigen Gang herum!" Wenn Kitti im Winter Schnupfen hatte, schimpfte die Mutter: „Das kommt davon, weil du dauernd da oben bist!"

Aber in Wirklichkeit waren Kitti und Michl gar nicht „dauernd" im Urwald. Sie gingen ja in die Schule, sie schliefen in den Kinderzimmerbetten, und schwimmen und eislaufen und ins Kino gingen sie auch. Und wenn im Fernsehen ein hübscher Film war, dann schauten sie den bei Michls Eltern oder bei Kittis Eltern im Wohnzimmer an. Eins allerdings stimmte – wenn Michl oder Kitti sagten: „Wir gehen jetzt nach Hause", dann meinten sie das sechs Quadratmeter große Stück Gang vor der Tür der Frau General.

Als Kitti und Michl den Urwald drei Jahre lang hatten, ließen sich Kittis Eltern scheiden. Kittis Vater zog aus. Er nahm zwei vollgepackte Koffer mit, den ledernen Fernsehstuhl, den Schreibtisch und vier Kisten Bücher.

Während die Möbelpacker den Kram die Treppen runterschleppten, waren Kitti und Michl im Urwald oben. Im Zelt. Denn es war Winter. Michl fragte Kitti, ob sie nun sehr traurig sei. Kitti sagte: „Nein, er hat sich in die blonde Dame verliebt, ohne die kann er nicht mehr sein. Außerdem war er ohnehin fast nie mehr da. Und jeden Sonntag, hat er gesagt, wird er mich abholen. Da seh ich ihn dann länger als bisher!"

**Aufgaben**

1. Einen eigenen Urwald hat nicht jeder. Wie kommen Kitti und Michl zu ihrem „Urwald"? Antworte mit Hilfe des Textes.

2. Welche Pflanzen wachsen in diesem „Urwald"? Notiere.

3. Welche Bedeutung hat der „Urwald" für die Kinder? Schreibe Textstellen heraus, die diese Frage beantworten.

4. Warum ist Kitti mit der Scheidung ihrer Eltern gar nicht so unglücklich? Sucht im Text gemeinsam nach Gründen.

*Fortsetzung von Seite 22*  **Eine mächtige Liebe**

Der Vater holte Kitti wirklich jeden Sonntag ab. Und er brachte ihr immer ein teures Geschenk mit. Kitti trug alle Geschenke in den Urwald. Sie wünschte sich von ihrem Vater nur Dinge, die im Urwald zu brauchen waren: einen Recorder, eine zweite Decke, einen winzigen Tisch, eine riesige Taschenlampe, einen kleinen Teppich und einen großen Besen samt Schaufel. Und zu Weihnachten schenkte ihr der Vater einen Fernsehapparat, der mit Batterien betrieben war. Im Urwald gab es ja keine Steckdose.

Michl vergrößerte das Zelt. Sein Vater half ihm dabei. Sie bauten ein festes Lattengerüst und bespannten es mit Decken.

In eine Decke schnitt Michls Mutter ein rechteckiges Loch und steppte durchsichtige Plastikfolie dahinter. Wie ein richtiges Fenster war das.

Michl und Kitti fanden das neue große Zelt so hübsch und so praktisch, dass sie es auch im Sommer stehen ließen. Sie blieben jetzt oft ziemlich lange im Urwald oben. Weil sie den eigenen Fernseher hatten und den kleinen Tisch zum Essen und Licht aus der großen Taschenlampe. Und weil Kittis Mutter fast jeden Abend Besuch hatte. Otto hieß der Besuch. Früher hatte Kittis Mutter darauf bestanden, dass Kitti um neunzehn Uhr – pünktlich – aus dem Urwald herunterkam. Seit der Otto zu Besuch kam, meinte sie: „Wenn es dir Spaß macht, kannst du länger bleiben. So klein bist du ja nicht mehr!" Und zum Otto sagte sie: „Weißt du, die Kitti und der Michl lieben sich nämlich mächtig!"

Michl fragte Kitti: „Sag, magst du den Otto eigentlich gut leiden?" Kitti antwortete: „Ich weiß nicht. Aber die Mama mag ihn sehr. Darauf kommt es schließlich an!"

**Aufgaben**

5. Der Urwald wird immer wohnlicher. Male in der Zeichnung alle Gegenstände aus, die im Text genannt werden.

6. Warum verbringen Kitti und Michl nun mehr Zeit im Urwald? Nenne Gründe.

Fortsetzung von Seite 23

**Eine mächtige Liebe**

Zu Kittis elftem Geburtstag bekam sie von ihrem Vater eine Haushaltsleiter. Die brauchten Kitti und Michl dringend, um den Urwald abzustauben. Das Philodendron, die Zimmerlinde und der Gummibaum waren bereits an die drei Meter hoch und stießen mit den obersten Blättern an die Decke.

Michl schenkte Kitti eine selbst gebackene Torte mit zwölf Kerzen: eine kleine für jedes Lebensjahr und eine große, die war das Lebenslicht. Am Geburtstagsabend saßen Michl und Kitti im Zelt im Urwald. Sie hatten eine Spitzendecke über den winzigen Tisch gebreitet, darauf stand die Torte, und alle zwölf Kerzen brannten.

Michl und Kitti aßen die halbe Torte auf. Die andere Hälfte wollte Michl in den Eisschrank seiner Mutter stellen, damit sie morgen am Abend weiteressen könnten. Doch Kitti sagte: „Michl, ich bring die Torte dem Otto runter. Der freut sich über was Süßes. Und die Mama freut sich, wenn sich der Otto freut!"

„Meine Mutter glaubt", sagte Michl, „dass deine Mutter demnächst den Otto heiraten wird!"

„Ja, das glaube ich auch", sagte Kitti. „Sie hat ihn sehr gern. Sie will nicht, dass er am Abend weggeht, und sie hätte ihn auch gern beim Frühstück daneben. Und wenn er einen Tag gar nicht kommt, dann ist sie traurig. Also wird es besser sein, wenn sie heiraten!"

Später dann – so gegen neun Uhr – kam Kitti mit der halben Torte ins Wohnzimmer ihrer Mutter. Der Otto freute sich über die Torte. Und die Mutter freute sich, weil sich der Otto freute. Der Otto holte eine Flasche Sekt aus dem Eisschrank und ließ den Stöpsel knallend aus der Flasche sausen und füllte drei Gläser. Das für Kitti nur halb. Kitti stieß mit Otto und der Mutter auf eine glückliche Zukunft an.

„Weil wir schon bei der Zukunft sind", sagte die Mutter, „da will ich gleich etwas mit dir besprechen!" Und dann erklärte sie Kitti, dass der Otto gern Kittis neuer Vater werden wolle und dass sie sich schrecklich freuen würde, wenn Kitti nichts dagegen einzuwenden habe.

Kitti sagte, sie habe nichts dagegen einzuwenden.

Die Mutter küsste Kitti, und der Otto lächelte ihr zu.

Und dann sagte Kittis Mutter: „Und jetzt kommt noch eine Überraschung, Kind!" Die Überraschung war: Der Otto bekam ab nächsten Ersten einen besseren Posten in seiner Firma. Da verdiente er dann doppelt so viel wie vorher. Und die Firma stellte ihm auch eine Wohnung zur Verfügung. Eine riesige Wohnung. Den ganzen ersten Stock einer schönen Villa.

„Und nun rate mal, wo die Villa steht, Kind!", rief die Mutter, und ihre Augen glänzten und glitzerten wie gläserne Christbaumkugeln.

Kitti wollte nicht raten.

„In Salzburg steht die Villa!", rief die Mutter. „Im wunderschönen Salzburg! In meiner Lieblingsstadt! Wir übersiedeln nämlich nach Salzburg!"

„Nein", sagte Kitti, stand auf, ging aus dem Wohnzimmer, ging in das Kinderzimmer, legte sich ins Bett und murmelte dabei ununterbrochen: „Nein!" Die Mutter kam zu ihr und redete gut eine Stunde auf sie ein. Sie zeigte ihr ein Foto von der wunderschönen Villa und versprach, auf dem Dachboden der Villa einen riesigen Urwald aufzustellen. Sie behauptete, in Salzburg seien die Schulen und die Lehrer viel freundlicher, die Spielplätze schöner, die Luft sei gesünder, und die Leute seien viel netter. Nur ein dummes kleines Mädchen, sagte die Mutter, könne so borniert sein, dass es nicht nach Salzburg ziehen wolle.

„Ich geh nicht vom Michl weg", sagte Kitti.

„In Salzburg wirst du einen anderen Freund finden", sagte die Mutter.

„Such du dir einen anderen Freund", sagte Kitti.

„Aber ich liebe den Otto", rief die Mutter.

„Und ich liebe den Michl", rief die Kitti.

„Ich schwöre dir", sagte die Mutter, „in einem Jahr hast du den Michl komplett vergessen!"

„Vergiss du den Otto komplett", sagte Kitti.

„Du wirst noch ein Dutzend anderer Freunde finden", sagte die Mutter.

„Such du dir ein Dutzend anderer Freunde", schrie Kitti, drehte sich zur Wand und schloss die Augen. Da verließ die Mutter seufzend das Kinderzimmer. Kitti hörte sie mit dem Otto reden und hoffte, sie würde dem Otto erklären, dass man unmöglich nach Salzburg ziehen könne.

**Aufgaben**

7. Lest den kurzen Dialog zwischen Kitti und ihrer Mutter (Zeile 178 bis 190) mit verteilten Rollen.

8. Die Mutter behauptet, Kitti werde Michl schnell vergessen und einen anderen Freund finden. Wie schätzt du diese Behauptung ein? Begründe.

*Fortsetzung von Seite 24*  **Eine mächtige Liebe**

Kitti stieg aus dem Bett und schlich zur Wohnzimmertür, weil sie hören wollte, wie der Otto diese Botschaft aufnahm. Sie hörte den Otto sagen: „Na ja, sie wird das schon überwinden!"

Kitti wartete, dass die Mutter dem Otto eine Antwort gab, aber es blieb still. Kitti machte die Tür einen Spalt weit auf und sah, dass die Mutter den Otto küsste. Der Kuss dauerte lange. Kitti ging ins Bett zurück, bevor der Kuss zu Ende war.

Am nächsten Morgen, vor der Schule, ging Kitti zur Wohnung ihres Vaters. Der Vater wollte gerade ins Büro fahren. Nur weil Kitti sagte, dass es sehr dringend sei, zog er den Mantel wieder aus und setzte sich mit Kitti ins Wohnzimmer. Kitti wollte dem Vater vom Otto und von Salzburg erzählen, aber der Vater wusste das alles schon. Er sagte: „Deine Mutter und ich haben das alles schon besprochen. Wir kommen nicht zu kurz. Ab jetzt hol ich dich nur jedes zweite Wochenende, dafür bleibst du aber dann zwei Tage bei mir!"

Kitti erklärte dem Vater, dass es ihr gar nicht um die Vater-Tage ginge, sondern um Michl. Da war der Vater ein bisschen beleidigt und sagte: „Kind, das kann ich nun wirklich nicht ändern!"

„Doch", rief Kitti. „Das kannst du!"

„Wie denn?", fragte der Vater.

„Ganz einfach", sagte Kitti. „Ich hab mir das heute Nacht überlegt. Die Mama zieht mit dem Otto nach Salzburg, und du ziehst in unsere Wohnung zurück. Und ich bleibe bei dir!"

„Das ist ausgeschlossen!", rief der Vater. Er zählte eine Menge Gründe auf, warum es ausgeschlossen sei: dass er keinen Haushalt führen könne, sagte er. Dass er dauernd Überstunden machen müsse und sich kaum um Kitti kümmern könne. Und dass er doch die blonde Dame habe. Und dass er die, demnächst schon, heiraten werde. Das sei so gut wie ausgemacht. Und die blonde Dame, die habe ein kleines Haus am Stadtrand, ein reizendes kleines Haus. In dieses Haus, sagte der Vater, werde er nach der Heirat einziehen. „Aber Kindchen", sagte er, „wenn ich dann wieder verheiratet bin und wenn du wirklich nicht bei diesem Otto in Salzburg wohnen willst, dann kannst du zu uns ziehen. Meine Frau wird sich freuen. Sie mag Kinder."

Kitti erklärte dem Vater noch einmal, dass es ihr um den Michl ginge, dass sie gar nichts davon habe, wenn sie mit seiner neuen Frau und ihm in einem reizenden Haus wohnen könne.

„Kindchen, so sei doch nicht so stur", rief der Vater. Da verabschiedete sich Kitti und ging in die Schule. Nach der Schule, zu Mittag, nahm Michl Kitti zu seiner Mutter mit. Michl fragte die Mutter, ob Kitti ab nächstem Monat bei ihm im Kinderzimmer schlafen könne und ob die Mutter bereit sei, Frühstück – Mittagessen – Nachtmahl an Kitti abzugeben und ihre Wäsche zu waschen.

„Bügeln und Knöpfe annähen", sagte Kitti, „kann ich selber."

Michls Mutter lachte. Dann meinte sie, unter Umständen wäre sie dazu bereit. Zum Beispiel, wenn Kittis Mutter verreisen müsse. Oder krank sei. So aber, ganz ohne richtigen Grund, sei das blanker Unsinn. Und außerdem, sagte sie, würde das Kittis Mutter gar nicht erlauben.

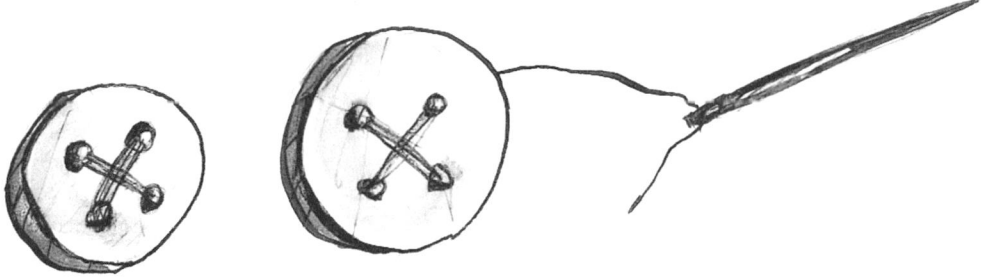

**Aufgabe**

9. Kittis Vater und Michls Mutter gehen nicht auf die Vorschläge der beiden ein. Welche Gründe führen sie dafür an? Notiere Stichworte.

_____

_____

_____

*Fortsetzung von Seite 25*

### Eine mächtige Liebe

„Und mehr brauchen wir auch nicht!", sagte Kitti. Sie gingen die Treppen leise hinunter, verließen das Haus und liefen zum Bahnhof. Sie schauten auf dem Fahrplan nach, welcher Zug als nächster wegfahren sollte. Der nächste Zug war ein Schnellzug nach Paris. Und die erste Station hatte er in St. Pölten. Sie kauften zwei Kinderkarten nach St. Pölten. Sie stiegen in den Zug und setzten sich in ein leeres Abteil. „Wenn jemand kommt und uns fragt", sagte Michl, „dann sagen wir, wir sind Geschwister und fahren zu unserer Großmutter!"

Aber es kam niemand. Erst als der Zug im Bahnhof von St. Pölten einrollte und Michl und Kitti schon bei der Waggontür standen, ging ein Schaffner vorbei. Aber der sagte bloß: „Na, ihr beiden!" Dann war er wieder weg.

Kitti und Michl hatten noch drei Hosentaschen voll Münzen. Und Hunger hatten sie auch. Ins Bahnhofsrestaurant wollten sie nicht gehen. Drei Männer in Uniform standen beim Schanktisch. Das waren Nachtwächter einer Wach- & Schließgesellschaft. Kitti hielt sie für Gendarmen.

Kitti und Michl gingen vom Bahnhof auf die Straße hinaus. Es war bald Mitternacht. Alle Läden und alle Kaffeehäuser und Restaurants hatten geschlossen. Sie gingen zuerst die Straße hinunter, dann zum Bahnhof zurück, dann die Straße hinauf und wieder zum Bahnhof zurück. Sie setzten sich in den Wartesaal. Außer ihnen war niemand dort. Michl rollte die Luftmatratze auf. Kitti nahm die Schnur vom Decken-Kissenpaket. Sie legten die Luftmatratze auf die Wartebank, legten sich darauf, schoben die Kissen unter die Köpfe und deckten sich mit der Decke zu.

260 Am Abend saßen Kitti und Michl in ihrem Zelt im Urwald. Sie zerschlugen mit einem Hammer eine rosa Sparsau und einen grünen Sparhund und klaubten einen großen Haufen Münzen in die Hosentaschen. Michl ließ die Luft aus der Luftmatratze und rollte sie zusammen. Kitti faltete die Decke zu einem Paket, legte die zwei Kissen darauf und band eine feste Schnur darum.

„Mehr haben wir am Anfang auch nicht gehabt", sagte Michl.

### Aufgabe

10. Überlegt gemeinsam, wie die Geschichte weitergehen könnte.
Notiert Stichpunkte für einen möglichen Schluss.

_____

_____

_____

_____

*Fortsetzung auf Seite 27*

*Fortsetzung von Seite 26*

## Eine mächtige Liebe

Als sie erwachten, standen ein Gendarm und ein Schaffner vor ihnen. Der Gendarm lachte: „Da haben wir ja das Liebespaar", sagte er. Und: „Das muss aber eine mächtige Liebe sein!"
Der Gendarm nahm Michl und Kitti mit zur Gendarmerie. Dort waren noch drei andere Gendarmen, die waren auch sehr heiter.
Kitti und Michl bekamen Tee und Wurstbrote von den Gendarmen. Und kaum eine Stunde später ging die Wachzimmertür auf, und Michls Vater und Kittis Mutter kamen herein. Michls Vater sagte zu Michl: „Du kleiner Spinner, du!"
Kittis Mutter rief: „Ach Kindchen!", und umarmte und küsste Kitti.
Die Gendarmen lachten noch immer. „Ladet uns aber auch zur Hochzeit ein!", rief der Gendarm, der Kitti und Michl im Wartezimmer gefunden hatte, hinter ihnen her, als sie das Wachzimmer verließen.
„Was habt ihr euch denn eigentlich vorgestellt?", fragte Michls Vater im Auto, auf der Heimfahrt. „Was hättet ihr denn tun wollen?"
Kitti gab keine Antwort. Michl sagte: „Aber es war das Einzige, was wir noch versuchen konnten!"

Zwei Wochen später fuhr Kitti mit ihrer Mutter und dem Otto nach Salzburg. Sie fuhren im Auto vom Otto. Der Otto saß am Steuer, Kitti und ihre Mutter saßen hinten im Wagen.
„Weinst du, Kind?", fragte die Mutter.
Kitti schüttelte den Kopf.
Sie weinte wirklich nicht.
Die Mutter legte einen Arm um Kittis Schultern.
„Wir werden es schön haben, wir drei. Du wirst schon sehen", sagte sie.
Kitti rückte von der Mutter weg und drückte sich gegen die Autotür.
„Aber Kind", sagte die Mutter. „Aber Kind!" Sie packte Kitti bei den Schultern und zog sie an sich und hielt sie fest. „Aber Kind", murmelte sie und drückte ihr Gesicht in Kittis Haare.
„Lass mich los! Ich mag das nicht!", rief Kitti.
„Hast du mich denn gar nicht mehr lieb?", fragte die Mutter.
„Nein", antwortete Kitti, und während sie dann in das entsetzte Gesicht der Mutter sah, spürte sie seit vielen Tagen zum ersten Mal wieder so etwas Ähnliches wie ein Gefühl der Freude.

*Christine Nöstlinger*

**Aufgaben**

11. Was passiert „zwei Wochen später"? Erzähle das Ende der Geschichte kurz mit eigenen Worten.

12. Warum spürt Kitti ein Gefühl der Freude, als sie in das entsetzte Gesicht ihrer Mutter sieht? Stelle zusammen mit einem Partner Vermutungen an.

# Eifersucht

**Aufgaben**

1. Erstellt in der Gruppe einen Cluster zum Thema „Eifersucht". Schreibt auf ein DIN-A4-Blatt.

*Tränen — Selbstmitleid — Eifersucht — Wut*

2. Schreibe neben den Text, welche Gefühle und Gedanken die Ich-Erzählerin hat. Nutze dazu Stichworte aus dem Cluster (Aufgabe 1).

Diese Tussi! Denkt wohl, sie wäre die Schönste. Juhu, die Dauerwelle wächst schon raus. Und diese Stiefelchen von ihr sind auch zu albern. Außerdem hat sie sowieso keine Ahnung. Von nix und wieder nix hat die 'ne Ahnung.
5 Immer, wenn sie ihn sieht, schmeißt sie die Haare zurück wie 'ne Filmdiva.
Das sieht doch ein Blinder, was die für 'ne Show abzieht.
Ja, o. k., sie kann ganz gut tanzen. Besser als ich. Zugegeben. Hat auch 'ne ganz gute Stimme, schöne Augen, aber dieses ständige
10 Getue. Die geht einem ja schon nach fünf Minuten auf die Nerven.
Und der redet mit der ... stundenlang. Extra nicht hingucken. Nee, jetzt legt er auch noch den Arm um die. Ich will hier weg! Aber aufstehen und gehen, das könnte der so passen. Damit die
15 ihren Triumph hat.
Auf dem Klo sehe ich in den Spiegel, finde meine Augen widerlich, und auch sonst, ich könnte kotzen. Genau, ich müsste jetzt in Ohnmacht fallen, dann wird ihm das schon leidtun, sich stundenlang mit der zu unterhalten.
20 Als ich aus dem Klo komme, steht er da: „Sollen wir gehen?"
Ich versuche es betont gleichgültig mit einem Wenn-du-Willst, kann gar nicht sagen, wie froh ich bin. An der Tür frage ich, was denn mit Kirsten ist. „O Gott, eine Nervtante, nee, vielen Dank!"
...
25 „Och, ich find die ganz nett, eigentlich", murmel ich.
*Tanja Zimmermann*

3. Was wirft die Ich-Erzählerin dem anderen Mädchen vor? Notiere Stichworte aus dem Text.

4. Zwischen dem, was die Ich-Erzählerin sagt, und dem, was die Ich-Erzählerin denkt, gibt es einige Unterschiede. Schreibe auf, was die Ich-Erzählerin am Ende des Textes (Zeile 20 bis 25) wirklich denkt.

5. Stell dir vor, die Ich-Erzählerin spricht die beiden anderen an. Was sagt sie? Wie reagieren die beiden anderen? Spielt die Szene.

# Happy End

**Aufgaben**

1. Was erwartest du von einem Text mit dem Titel „Happy End"?

Das Wort ENDE flimmert über ihrem Kuss. Das Kino ist aus. _____ schiebt er sich zum Ausgang, sein Weib bleibt im Gedrängel hilflos stecken, weit hinter ihm. Er tritt auf die Straße und bleibt nicht stehen, er geht, ohne zu warten, er geht _____, und die Nacht ist dunkel. Atemlos, mit kleinen, verzweifelten Schritten holt sie ihn ein, holt ihn schließlich ein und

5 _____ zum Erbarmen. Eine Schande, sagt er im Gehen, eine _____, wie du _____ hast. Sie keucht. _____ warum, sagt er. Sie _____. Ich hasse diese _____, sagt er, ich hasse das. Sie _____ noch immer. Schweigend _____. Ich kann doch nichts

10 dafür, sagt sie endlich, ich kann doch wirklich nichts dafür, es war so schön, und wenn es schön ist, muss ich einfach _____. Schön, sagt er, dieser _____, dieses _____, das nennst du also schön, dir ist ja wirklich nicht _____. Sie

15 schweigt und geht und keucht und denkt, was für ein _____ von Mann, was für ein _____.

*Kurt Marti*

2. Fülle die Lücken aus. Füge außerdem den folgenden Satz an einer passenden Stelle ein:
*Sie umarmen sich, und alles ist wieder gut.*

3. Vergleiche deine Lösung mit dem Original im Lösungsteil.

4. Charakterisiere die Beziehung der beiden Personen.

5. Bearbeite Aufgabe a oder b.
a) Die Frau spricht sich mit einer Freundin über ihre Beziehung aus. Schreibe den Dialog.
b) Der Mann erklärt seinen Freunden, was er über „Filmschnulzen" denkt.
   Verfasse einen Monlog in der Ich-Form.

# Masken

Sie fielen sich unsanft auf dem Bahnsteig 3 a des Kölner Hauptbahnhofs in die Arme und riefen gleichzeitig: „Du?!" Es war ein heißer Julivormittag, und Renate wollte in den D-Zug nach Amsterdam über Aachen, Erich verließ diesen Zug, der von Hamburg kam. Menschen drängten aus den Wagen auf den Bahnsteig, Menschen vom Bahnsteig in die Wagen, die beiden aber standen in dem Gewühl, spürten weder Püffe noch Rempeleien und hörten auch nicht, dass Vorübergehende sich beschweren, weil sie ausgerechnet vor den Treppen standen und viele dadurch gezwungen wurden, um sie herumzugehen. Sie hörten auch nicht, dass der Zug nach Aachen abfahrbereit war, und es störte Renate nicht, dass er wenige Sekunden später aus der Halle fuhr. Die beiden standen stumm, jeder forschte im Gesicht des anderen. Endlich nahm der Mann die Frau am Arm und führte sie die Treppe hinunter, durch die Sperre, und in einem Café in der Nähe des Doms tranken sie Tee.

„Nun erzähle, Renate. Wie geht es dir. Mein Gott, als ich dich so plötzlich sah … du … ich war richtig erschrocken. Es ist so lange her, aber als du auf dem Bahnsteig fast auf mich gefallen bist …"

„Nein", lachte sie, „du auf mich."

„Da war es mir, als hätte ich dich gestern zum letzten Male gesehen, so nah warst du mir. Und dabei ist es so lange her …"

„Ja", sagte sie. „Fünfzehn Jahre."

„Fünfzehn Jahre? Wie du das so genau weißt. Fünfzehn Jahre, das ist ja eine Ewigkeit. Erzähle, was machst du jetzt? Bist du verheiratet? Hast du Kinder? Wo fährst du hin?" […]

„Langsam, Erich, langsam, du bist noch genauso ungeduldig wie vor fünfzehn Jahren. Nein, verheiratet bin ich nicht, die Arbeit, weißt du. Wenn man es zu etwas bringen will, weißt du, da hat man eben keine Zeit für Männer."

„Und was ist das für Arbeit, die dich von den Männern fern hält?"

Er lachte sie an, sie aber sah aus dem Fenster auf die Tauben: „Ich bin jetzt Leiterin eines Textilversandhauses hier in Köln, du kannst dir denken, dass man da von morgens bis abends zu tun hat und …"

„Donnerwetter!", rief er und klopfte mehrmals mit der flachen Hand auf den Tisch. „Donnerwetter! Ich gratuliere."

„Ach", sagte sie und sah ihn an. Sie war rot geworden.

„Du hast es ja weit gebracht, Donnerwetter, alle Achtung. Und jetzt? Fährst du in Urlaub?"

„Ja, vier Wochen nach Holland. Ich habe es nötig, bin ganz durchgedreht. Und du, Erich, was machst du? Erzähle. Du siehst gesund aus."

Schade, dachte er, wenn sie nicht so eine Bombenstellung hätte, ich würde sie jetzt fragen, ob sie mich noch haben will. Aber so? Nein, das geht nicht, sie würde mich auslachen, wie damals.

„Ich?", sagte er gedehnt, und brannte sich eine neue Zigarette an. „Ich … ich … Ach weißt du, ich habe ein bisschen Glück gehabt. Habe hier in Köln zu tun. Habe umgesattelt, bin seit vier Jahren Einkaufsleiter einer Hamburger Werft, na ja, so was Besonderes ist das nun wieder auch nicht."

„Oh", sagte sie und sah ihn starr an, und ihr Blick streifte seine großen Hände, aber sie fand keinen Ring. Sie erinnerte sich, dass sie vor fünfzehn Jahren nach einem kleinen Streit auseinandergelaufen waren, ohne sich bis heute wiederzusehen. Er hatte ihr damals nicht genügt, der schmal verdienende und immer ölverschmierte Schlosser. Er sollte es erst zu etwas bringen, hatte sie ihm damals nachgerufen, vielleicht könnte man später wieder darüber sprechen. So gedankenlos jung waren sie damals. Ach ja, die Worte waren im Streit gefallen und trotzdem nicht böse gemeint. Beide aber fanden danach keine Brücke mehr zueinander. Sie wollten und wollten doch nicht. Und nun? Nun hatte er es zu etwas gebracht.

**Aufgaben**

1. Schreibe aus dem ersten Absatz des Textes einen Satz mit ähnlicher Bedeutung heraus.
   *Es war ihnen gleichgültig, dass Renate ihre Bahn verpasste.*

2. Wie viele Jahre haben sich die beiden nicht gesehen? Notiere.

3. Was kannst du aus dem Verhalten der beiden am Anfang des Textes (bis Zeile 20) schließen?
   Was empfinden die beiden füreinander? Schreibe deine Ansicht auf und begründe sie mit Textstellen.

*Fortsetzung auf Seite 31*

*Fortsetzung von Seite 30*

**Masken**

„Dann haben wir ja beide Glück gehabt", sagte sie und dachte, dass er immer noch gut aussieht. Gewiss, er war älter geworden, aber das steht ihm gut. Schade, wenn er nicht so eine Bombenstellung hätte, ich würde ihn fragen, ja, ich ihn, ob er noch an den dummen Streit von damals denkt und ob er mich noch haben will. Ja, ich würde ihn fragen. Aber jetzt?

„Jetzt habe ich dir einen halben Tag deines Urlaubs gestohlen", sagte er und wagte nicht, sie anzusehen.

„Aber Erich, das ist doch nicht so wichtig, ich fahre mit dem Zug um fünfzehn Uhr. Aber ich, ich halte dich bestimmt auf, du hast gewiss einen Termin hier."

„Mach dir keine Sorgen, ich werde vom Hotel abgeholt. Weißt du, meinen Wagen lasse ich immer zu Hause, wenn ich längere Strecken fahren muss. Bei dem Verkehr heute, da kommt man nur durchgedreht an."

„Ja", sagte sie. „Ganz recht, das mache ich auch immer so." Sie sah ihm nun direkt ins Gesicht und fragte: „Du bist nicht verheiratet? Oder lässt du Frau und Ring zu Hause?" Sie lachte etwas zu laut für dieses vornehme Lokal.

„Weißt du", antwortete er, „das hat seine Schwierigkeiten. Die ich haben will, sind nicht zu haben oder nicht mehr, und die mich haben wollen, sind nicht der Rede wert. Zeit müsste man eben haben. Zum Suchen meine ich. Zeit müsste man haben." Jetzt müsste ich ihr sagen, dass ich sie noch immer liebe, dass es nie eine andere Frau für mich gegeben hat, dass ich sie all die Jahre nicht vergessen konnte. Wie viel? Fünfzehn Jahre? Eine lange Zeit. Mein Gott, welch eine lange Zeit. Und jetzt? Ich kann sie doch nicht mehr fragen, vorbei, jetzt wo sie so eine Stellung hat. Nun ist es zu spät, sie würde mich auslachen, ich kenne ihr Lachen, ich habe es im Ohr gehabt, all die Jahre. Fünfzehn? Kaum zu glauben.

„Wem sagst du das?" Sie lächelte. „Entweder die Arbeit oder das andere", echote er. Jetzt müsste ich ihm eigentlich sagen, dass er der einzige Mann ist, dem ich blind folgen würde, wenn er mich darum bäte, dass ich jeden Mann, der mir begegnete, sofort mit ihm verglich. Ich sollte ihm das sagen. Aber jetzt? Jetzt hat er eine Bombenstellung, und er würde mich nur auslachen, nicht laut, er würde sagen, dass ... ach ... es ist alles so sinnlos geworden.

Sie aßen in demselben Lokal zu Mittag und tranken anschließend jeder zwei Kognaks. Sie erzählten sich Geschichten aus ihren Kindertagen und später aus ihren Schultagen. Dann sprachen sie über ihr Berufsleben, und sie bekamen Respekt voreinander, als sie erfuhren, wie schwer es der andere gehabt hatte bei seinem Aufstieg.

„Jaja", sagte sie; „genau wie bei mir", sagte er.

„Aber jetzt haben wir es geschafft", sagte er laut und rauchte hastig.

„Ja", nickte sie. „Jetzt haben wir es geschafft." Hastig trank sie ihr Glas leer.

Sie hat schon ein paar Krähenfüßchen, dachte er. Aber die stehen ihr nicht einmal schlecht.

Noch einmal bestellte er zwei Schalen Kognak, und sie lachten viel und laut.

Er kann immer noch so herrlich lachen, genau wie früher, als er alle Menschen einfing mit seiner ansteckenden Heiterkeit. Um seinen Mund sind zwei steile Falten, trotzdem sieht er wie ein Junge aus, er wird immer wie ein Junge aussehen, und die zwei steilen Falten stehen ihm nicht einmal schlecht. Vielleicht ist er jetzt ein richtiger Mann, aber nein, er wird immer ein Junge bleiben.

**Aufgaben**

4. Untersuche die Unterhaltung der beiden im Café.
a) Markiere Erichs Gedanken rot und Renates Gedanken grün.
b) Beschreibe den Unterschied zwischen dem, was die Figuren sagen, und dem, was sie denken.
c) Deute in diesem Zusammenhang den Titel „Masken".

5. Spielt die Unterhaltung im Café in Alter-Ego-Technik.
   • Zwei Schüler führen die Unterhaltung zwischen Renate und Erich.
   • Zwei weitere Schüler sprechen aus, was die Personen wirklich denken.

6. Nimm Stellung zu der Aussage: „Entweder Liebe oder Karriere, beides zusammen geht nicht".

7. Wie könnte der Text weitergehen? Entwirf ein mögliches Ende.

*Fortsetzung von Seite 31*

**Masken**

Kurz vor drei brachte er sie zum Bahnhof.

„Ich brauche den Amsterdamer Zug nicht zu nehmen", sagte sie. „Ich fahre bis Aachen und steige dort um. Ich wollte sowieso schon lang einmal das Rathaus besichtigen."

Wieder standen sie auf dem Bahnsteig und sahen aneinander vorbei. Mit leeren Worten versuchten sie die Augen des anderen einzufangen, und wenn sich dann doch ihre Blicke trafen, erschraken sie und musterten die Bögen der Halle.

Wenn ich jetzt ein Wort sagen würde, dachte er, dann …

„Ich muss jetzt einsteigen", sagte sie. „Es war schön, dich wieder einmal zu sehen. Und dann so unverhofft …"

Ja, das war es. Er half ihr beim Einsteigen und fragte nach ihrem Gepäck.

„Als Reisegepäck aufgegeben."

„Natürlich, das ist bequemer", sagte er.

Wenn er jetzt ein Wort sagen würde, dachte sie, ich steige sofort wieder aus, sofort. Sie reichte ihm aus einem Abteil erster Klasse die Hand. „Auf Wiedersehen, Erich … und weiterhin … viel Glück."

Wie schön sie immer noch ist. Warum nur sagt sie kein Wort.

„Danke, Renate. Hoffentlich hast du schönes Wetter."

„Ach, das ist nicht so wichtig. Hauptsache ist das Faulenzen, das kann man auch bei Regen."

Der Zug ruckte an. Sie winkten nicht, sie sahen sich nur in die Augen, solange dies möglich war.

Als der Zug aus der Halle gefahren war, ging Renate in einen Wagen zweiter Klasse und setzte sich dort an ein Fenster. Sie weinte hinter einer ausgebreiteten Illustrierten.

Wie dumm von mir, ich hätte ihm sagen sollen, dass ich immer noch die kleine Verkäuferin bin. Ja, in einem anderen Laden, mit zweihundert Mark mehr als früher, aber ich verkaufe immer noch Herrenoberhemden, wie früher, und Socken und Unterwäsche. Alles für den Herrn. Ich hätte ihm das sagen sollen. Aber dann hätte er mich ausgelacht, jetzt, wo er ein Herr geworden ist. Nein, das ging doch nicht. Aber ich hätte wenigstens nach seiner Adresse fragen sollen. Wie dumm von mir, ich war aufgeregt wie ein kleines Mädchen, und ich habe gelogen wie ein kleines Mädchen, das imponieren will. Wie dumm von mir.

Erich verließ den Bahnhof und fuhr mit der Straßenbahn nach Ostheim auf eine Großbaustelle.

Dort meldete er sich beim Bauführer.

„Ich bin der neue Kranführer."

„Na, sind Sie endlich da? Mensch, wir haben schon gestern auf Sie gewartet. Also dann, der Polier zeigt Ihnen Ihre Bude, dort drüben in den Baracken. Komfortabel ist es nicht, aber warmes Wasser haben wir trotzdem. Also dann, morgen früh, pünktlich sieben Uhr."

Ein Schnellzug fuhr Richtung Deutz. Ob der auch nach Aachen fährt? Ich hätte ihr sagen sollen, dass ich jetzt Kranführer bin. Ach, Blödsinn, sie hätte mich nur ausgelacht, sie kann so verletzend lachen. Nein, das ging nicht, jetzt, wo sie eine Dame geworden ist und eine Bombenstellung hat.

*Max von der Grün*

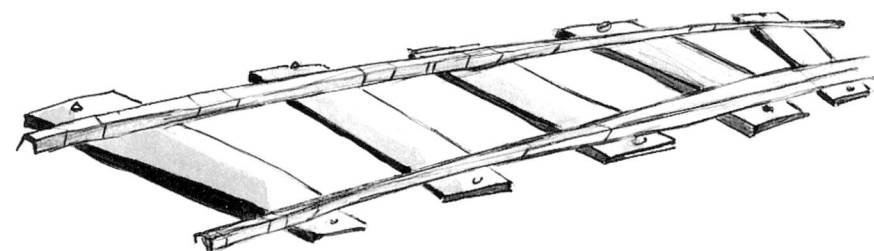

**Aufgaben**

8. Warum sagen Renate und Erich sich nicht die Wahrheit? Führe mit Hilfe des Textes Gründe an.

9. Bearbeite Aufgabe a oder b.
a) Schreibe ein neues Ende, in dem die beiden noch einmal eine Chance erhalten.
b) Berichte von einer Situation, in der du eine Maske getragen hast.

# Weidmanns Nachtgespräche

„Wie findest du mich eigentlich?" Regula Weidmann liest beim Licht der Nachttischlampe *Ein leidenschaftliches Leben*, die Biografie von Frida Kahlo. Die Art der Lektüre verbietet ihr, sich schlafend zu stellen und die Frage zu überhören. Sie antwortet, ohne aufzuschauen.

„Hm?"

„Wie du mich findest."

Jetzt schaut Regula Weidmann von ihrem Buch auf. Kurt liegt mit offenen Augen auf dem Rücken, knapp außerhalb des Lichtkegels ihrer Lampe. Er sollte das Nasenhaarscherchen, das ich ihm geschenkt habe, öfter benützen, denkt sie. Sie versucht, Zeit zu gewinnen. „Wie meinst du das?"

„So, wie ich es sage. Wie findest du mich?"

Regula Weidmann lässt das Buch auf die Bettdecke sinken.

„Warum fragst du das?"

„Einfach so. Es interessiert mich halt. Also: Wie findest du mich?"

„Du bist ein Mann."

Einen Moment scheint er sich mit der Antwort zufrieden zu geben. Aber gerade als Regula ihr Buch wieder hochnimmt, sagt er: „Ich meine, objektiv."

„Wir sind seit achtzehn Jahren verheiratet, da ist es schwer, objektiv zu sein."

„Versuch es."

Sie lässt das Buch wieder sinken und überlegt.

„Musst du da so lange überlegen?", fragt Weidmann nach ein paar Sekunden. Er klingt etwas beleidigt.

„Du meinst, so als Mensch? Ganz allgemein?"

„Nein, nicht als Mensch. Als Mann." Regula Weidmann schließt das Buch, behält aber einen Finger als Buchzeichen zwischen den Seiten. „Du meinst, so vom Aussehen?"

„Auch, ja."

„Auch?"

„Und was so dazugehört: Ausstrahlung, Anziehungskraft, so Sachen."

Weidmann dreht den Kopf zur Seite und schaut seine Frau an. Sein Gesicht liegt jetzt knapp innerhalb des Lichtkegels. Keine günstige Beleuchtung.

Regula Weidmann legt Frida Kahlo aufs Nachttischchen und dreht sich zu Kurt. Vielleicht ist jetzt der Moment, das Gespräch zu führen, das sie schon so lange führen will. Über die letzten paar Jahre, die letzten vier, fünf – ach, seien wir ehrlich: acht Jahre. Seit „Mitglied des Direktoriums", genau genommen. Als die Abende mit „Privatbewirtungen" zu Hause begannen. Stundenlang ovolactovegetarisch kochen für Gattinnen von Männern mit Einfluss auf höhere Entscheidungen. Kurt, dem die Karriere immer wichtiger wurde und sie immer gleichgültiger. Vielleicht ist jetzt der Moment, über all das zu reden.

„Ich bin froh, dass du das fragst", beginnt sie behutsam. „Ich wollte auch schon lange darüber reden."

[…]

*Martin Suter*

## Aufgaben

1. Unterstreiche Sätze, die direkt oder indirekt etwas über die Beziehung zwischen Kurt und Regula Weidmann aussagen.

2. Deute den Titel des Buches, das Regula Weidmann gerade liest, im Zusammenhang mit ihrer eigenen Beziehung.

3. Schreibe die Geschichte zu Ende. Vergleiche anschließend mit dem Original im Lösungsteil.

4. „Du bist sehr attraktiv, Kurt. Ganz ehrlich." Wie ist diese Aussage Regulas zu verstehen?

5. „Ausgestattet mit einer ungeheuren Energie führt sie ein Leben voller Intensität und Leidenschaft." Diesen Satz hat Regula Weidmann gerade gelesen. Nun lässt sie ihren Gedanken freien Lauf. Schreibe ihre Gedanken auf.

6. Das Buch von Martin Suter heißt „Business Class".
a) Kläre die Bedeutung des Buchtitels.
b) Wie passt die Geschichte „Weidmanns Nachtgespräche" in diesen Zusammenhang? Erkläre.

# Warum die Liebe flüchtig ist

Sie sitzt auf einer Bank und hat ihren Kopf in der Hand. Die Bank steht auf dem wahrscheinlich ödesten Autobahnrastplatz der Republik und neben der Bank liegen eine leere Coladose und ein Hund. Der Hund gehört dem Mädchen nicht, er ist nur zufällig da, so wie alles in ihrem Leben. Ein Mann hat sie in seinem Mercedes mitgenommen, doch dann wurde er schlüpfrig und sie ist lieber ausgestiegen. Das war vor fünf Stunden und seitdem sitzt sie auf der Bank und wartet, dass etwas passiert. Ihr Kopf ist vom vielen Warten schon so schwer, dass sie ihn kaum noch halten kann. Linker Hand ist das Rasthaus, vor dem die Leute halten, wenn sie mal müssen.

Er braucht gar nicht groß zu bremsen, um die Ausfahrt zu erwischen. Sein alter Ford kann nicht schneller als hundert fahren. Er dreht die Musik leiser und schämt sich gleich ein bisschen, weil er jetzt hört, dass er ordentlich falsch singt. Sein Auto ist zu groß, um es elegant einzuparken. Er stellt es links neben den vorgeschriebenen Parkplätzen ab, steigt aus und geht ins Rasthaus rein. Er muss mal.

Sie kramt in ihrem Mantel, weil sie rauchen will. Die Schachtel ist leer, schlecht. Sie nimmt ihre Tasche und läuft auf das Rasthaus zu, der Hund steht auf und kommt mit. Neben dem Rasthaus parkt ein verbeultes Auto. Das Auto gefällt ihr gut, sie bleibt stehen und fasst es an, streicht über die Kühlerhaube. Fühlt sich an wie ein alter Mann, denkt sie. Der Hund steht ganz dicht neben ihr.

Er kauft noch schnell Zigaretten, bevor er zum Auto zurückgeht. Draußen wird es langsam Spätnachmittag. „Das ist die Zeit, die ich am liebsten mag", reimt er vor sich hin, zündet sich eine Zigarette an und beobachtet das Mädchen, das sein Auto streichelt. Sie sieht müde aus, aber auch hübsch, er schaut sie gerne an. Sie hat dünne, rote Haare, ohne Frisur. Und ihre Augen sind etwas zu groß geraten. Es scheint sie nicht zu stören, dass ihr Kleid durchsichtig ist, na ja, vielleicht doch ein bisschen, sie trägt einen alten Mantel drüber. Er schmeißt seine Zigarette weg und tut so, als würde er sie nicht sehen.

„Schau mal", sagt das Mädchen zu dem Hund, „da hat jemand zu viele Zigaretten." Der Hund schmatzt und setzt sich auf ihren Fuß. Das macht ihr Mut und so bleibt sie neben dem Auto stehen, bis der junge Mann „Guten Tag" sagt. „Hallo", sagt sie. Sie sieht in sein Gesicht und sie hat einen Augenblick lang das Gefühl, dass das Leben ganz einfach ist, dass es nichts kostet und es gut mit ihr meint. „Ist das dein Hund?", fragt er. Sie schaut den Hund an, der immer noch auf ihrem Fuß sitzt, und weil das Leben gerade so einfach ist, sagt sie: „Ja. Wir reisen gemeinsam." Der Hund wedelt mit dem Schwanz. „Wo reist ihr denn hin?", fragt der junge Mann. „Wir wollen ans Meer", sagt das Mädchen. „Na so was", sagt er, „da will ich auch hin." So kommt es, dass der Hund und das Mädchen in den Ford steigen und zusammen mit dem jungen Mann und dem Spätnachmittag in Richtung Meer fahren. Als dann die Sonne untergeht und der Spätnachmittag dem Abend Platz macht, will der junge Mann das Schiebedach zukurbeln. Er berührt dabei aus Versehen die Schulter des Mädchens und es ist für beide, als hätte es nach langer Zeit aufgehört zu regnen. Der Hund darf hinten in der Mitte sitzen.

**Aufgaben**

1. Welche Textabschnitte erzählen von ihr, welche von ihm? Belege deine Antwort mit Textstellen.

2. Fasse den Inhalt der ersten vier Abschnitte jeweils in wenigen Sätzen zusammen.

3. Vieles in ihrem Leben geschieht zufällig, heißt es von dem Mädchen. Was würdest du auf dieser Seite als Zufall bezeichnen? Notiere.

4. „… und es ist für beide, als hätte es nach langer Zeit aufgehört zu regnen." Was bedeutet dieser Satz? Erkläre.

5. Schreibe auf, wie die Geschichte weitergehen könnte? Beziehe in deine Überlegungen auch den Titel der Geschichte mit ein.

*Fortsetzung von Seite 34*

## Warum die Liebe flüchtig ist

Der Hund muss ganz dringend Gassi. Er weiß, dass sie von alleine nicht drauf kommen, also fiept er von der Rückbank aus nach vorne. Das Mädchen schaut ihn mit riesigen Augen an und fragt ihn was, redet mit dem jungen Mann und der hält dann auch bald. Tür auf, Hund raus, schnell ein schönes Stück Wiese suchen, aber nicht zu weit gehen, immer das Auto im Blick haben. Sie dürfen ihn nicht verlassen, jetzt, wo er sie endlich gefunden hat. Jetzt, wo er endlich nicht mehr alleine ist. Er sitzt im Gras und schaut ihnen zu, wie sie vor dem Auto stehen und rauchen. Der junge Mann ist fast zwei Köpfe größer als das Mädchen, sie müsste sich auf die Zehenspitzen stellen, um ihn zu küssen. Oder er müsste sich runterbeugen und das tut er jetzt auch, sie küssen sich, das Mädchen hält ganz still. Der Hund läuft zum Auto und springt auf die Rückbank, der junge Mann nimmt das Mädchen in die Arme und hebt sie in den Himmel.

Als der Hund aufwacht, ist es schon Nacht. Das Mädchen streichelt seinen Kopf und lockt ihn aus dem Auto. Sie gehen zu dritt in ein großes Haus rein, zwei Treppen hoch, der junge Mann schließt eine Tür auf. Der Hund muss jetzt erst mal in alle Ecken des Zimmers riechen. Das Paar steht am Fenster und hält sich an den Händen, dann legen sie sich ins Bett. Der Hund hört auf, im Zimmer rumzuriechen. Er will auch ins Bett, will nicht allein auf dem Fußboden schlafen. Er robbt auf dem Bauch zum Bett hin, bleibt am Fußende liegen und wartet.

Die beiden reden leise miteinander, irgendwann dann nicht mehr, der Hund kann hören, wie tief sie atmen und schlafen. Er legt die Vorderpfoten auf die Matratze, zieht sich langsam hoch, jetzt nur keinen Krach machen, dann ist er drin, kriecht unter die Decke, warm ist es da, hallo, ich bin's, darf ich? Er arbeitet sich weiter vor, weiter in Richtung Wärme, immer schöner wird es, riecht nach Milch, nach Welpe sein. Das Mädchen bewegt sich, der Hund winselt, jetzt wird sie ihn wohl rausschmeißen, zack, aus die Maus, vorbei mit nicht alleine sein. Ihre Hand ist schon auf seinem Rücken, aber sie schiebt ihn nicht weg. Sie zieht ihn hoch, bis dahin, wo er ihr Herz klopfen hört.

Der junge Mann legt seinen Arm um die Taille des Mädchens und holt sie näher an sich ran, ihre Gesichter berühren sich fast, der Hund liegt dazwischen und kriegt kaum noch Luft. Dafür kriegt er aber eine Riesenportion Glück ab. Der Hund denkt, dass jemand Honig über ihn gegossen haben muss, so weich ist die Welt grade. Er wüsste nicht, was ihm hier Angst machen könnte, nicht mal der Mann mit dem Stock, dem er vor Jahren davongelaufen ist. Das Mädchen fängt an, den jungen Mann zu küssen. Und der Hund hört zu, schmiegt sich fest an beider Herzen ran, hat keine Angst mehr im Kopf und auch keine Einsamkeit, hier geht er nie wieder weg, hier bleibt er für immer, besser geht's nicht. Dann fallen ihm die Augen zu, aber er wehrt sich, er will nicht einschlafen, er muss wachsam sein, sonst gehen sie vielleicht weg und lassen ihn alleine. Doch dann spürt er die Hand des Mädchens auf seinem Kopf, sie streichelt ihn und flüstert dem jungen Mann was ins Ohr. Und der Hund weiß jetzt, dass sie ihn niemals verlassen werden.

**Aufgaben**

6. Aus welcher Perspektive wird das Geschehen auf dieser Seite geschildert? Belege deine Antwort mit Textstellen.

7. Welche Ängste quälen den Hund? Notiere Stichworte.

8. Entwickelt sich die Geschichte in die Richtung, die du in Aufgabe 5 vorhergesehen hast? Überprüfe deine Vermutungen.

*Fortsetzung auf Seite 36*

*Fortsetzung von Seite 35*

**Warum die Liebe flüchtig ist**

Das Mädchen wacht auf, weil ein Hundeohr auf ihrer Nase liegt. Sie sieht den Kopf des Hundes neben sich liegen und auch den jungen Mann. Beide haben sie die Augen zu und den Mund offen. Das Mädchen regt sich vorsichtig, ihr tut der Rücken weh und kalt ist es ihr auch. Sie kennt das Gefühl, fremd zu sein, sich am falschen Ort wiederzufinden. Rastlos und auf der Hatz. Sie mag das Gefühl nicht, sie weiß, dass es Einsamkeit bedeutet. Zeit, aufzubrechen. Neben dem Bett liegen ihr Kleid und ihr Mantel. Sie steht auf, zieht sich an. Es fällt ihr nicht leicht, ihr Herz ist wund, sie weiß nicht, warum sie immerzu weggehen muss. Vielleicht, weil sie sowieso genug hat. Sie schaut die beiden noch mal an, der Hund liegt nah an dem jungen Mann dran. Dann nimmt sie zwei Zigaretten aus der Hose, die auf dem Boden liegt, verlässt das Hotel und stellt sich in Richtung Norden an die Straße.

Der Hund spürt die Kälte an seinem Bauch irgendwann gegen Mittag. Er braucht nicht lange, um zu kapieren, was passiert ist. Die Leute gehen immer weg, sie sind nur auf der Welt, um ihn zu verlassen. Der junge Mann liegt neben ihm und hält ihn fest. „Sei nicht traurig", sagt er zu dem Hund, „du hättest doch gleich drauf kommen können, dass sie ein Schmetterling ist. Das dünne Kleid trägt sie nur, damit sie besser fliegen kann." Er streichelt das struppige Fell des Hundes, er hat keine Ahnung, wie er ihm sonst helfen könnte, er hat vorher noch nie einen weinenden Hund im Arm gehabt. Er steht auf, zieht sich an, den Hund lässt er dabei nicht los. „Komm, Alter", sagt er, „jetzt fahren wir aber ans Meer", und dann setzen sie sich ins Auto, der Hund sitzt auf seinem Schoß. Am Ende der Straße können sie die Berge sehen, die voller Wolken hängen. „Blöde, dass es immer regnet, wenn man sich begegnet", reimt er und dann gibt er Gas.

*Simone Buchholz*

**Aufgaben**

9. Im Laufe der Geschichte verändert sich die Zusammensetzung der Gruppe. Schreibe neben die Zusammensetzungen, ob sie auf den Anfang, den mittleren Teil oder das Ende der Geschichte zutreffen.

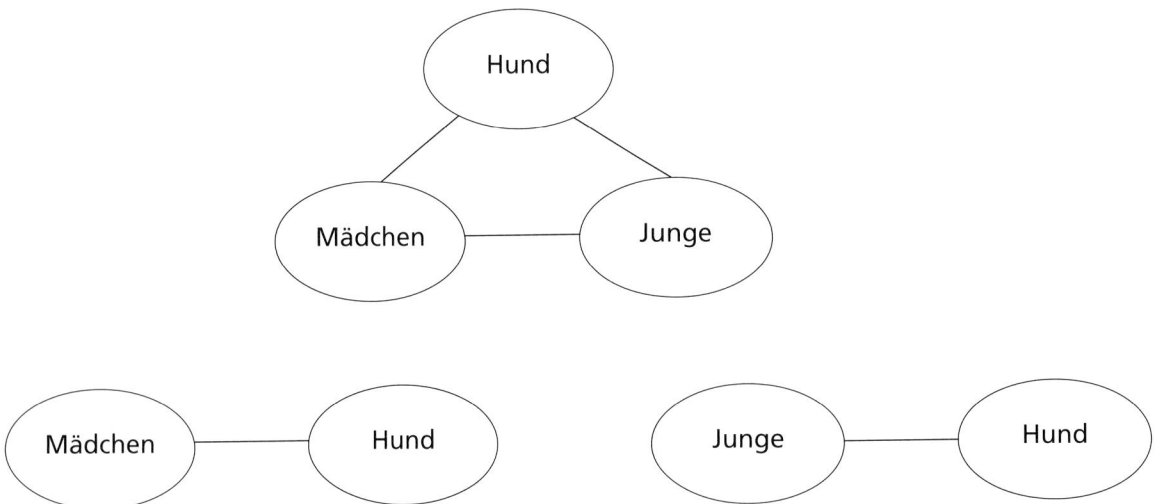

10. Wieso verlässt das Mädchen den jungen Mann? Erkläre ihre Beweggründe mit Hilfe des Textes.

11. Warum ist der junge Mann nicht allzu überrascht davon, dass das Mädchen weg ist? Antworte mit Hilfe des Textes.

12. Ist die Liebe deiner Ansicht nach flüchtig? Schreibe deine Meinung dazu auf.

# Ein Tag im Juni

Es gibt einen Tag im Leben, den du nie vergisst, so sehr du es auch versuchst. Wenn der Sommer wiederkehrt und es warm genug ist, um paddeln zu gehen, fällt er dir ein. Beim ersten blauen Junitag ist die Erinnerung da, leuchtend, kristallklar, wie durch Tränen gesehen …

Du gehst mit Linda zum ersten Mal in dieser Jahreszeit zum See, um zu paddeln. Ihr geht hinunter zum Bootshaus … zu dem Anlegesteg aus faulenden Planken, die sich zum Wasser neigen … zu den leeren Paddelbooten, die wie flache, schwimmende grüne Erbsenschoten wartend daliegen. Wackelig steigst du in den Bug, während Linda das Ruder nimmt, und die ganze Zeit tänzelt und hüpft das leichte Boot unter dir, ungeduldig, fortzukommen. Es ist einer dieser vollkommenen Tage im Juni, die du immer zu beschreiben versuchst, aber es gelingt dir nie. Nimm den Geruch von frisch gewaschener Wäsche; von trocknendem Himmelstau nach einem Regen; nimm die huschenden Bewegungen des Sonnenlichts auf der Wiese; den kühlen Geschmack von Minze auf der Zunge; das klare Leuchten der Tulpen im Garten; grüne Schatten, sich ins Gelb lichtend, ins Blau verdichtend … der strahlende Glanz … die heiße Berührung der Sonne auf deiner Haut … blendende Sonnenpfeile, die vom tiefen gläsernen Blau des Wassers abprallen … die Heiterkeit … Blasen steigen auf, platzen … die gleitende Bewegung … der fließende Gesang des Wassers hinter dem Bug … die tanzend wechselnden Farbsprenkel: all dieses zum Lieben, zum Verehren. Nie wieder solch ein Tag!!

Du paddelst zu einer Bucht … du treibst … du lehnst dich zurück und schließt die Augen vor dem Sonnenlicht, heiß liegt es auf deinen Lidern … du blinzelst in die Sonne, und auf deinen Wimpern spannen sich Netze von Regenbögen. Eingelullt durch das gleichmäßige Lecken der Wellen am Kiel, das Schaukeln … das Gleiten … treibt ihr ans Ufer. Plötzlich hört ihr Stimmen … unverwechselbar … Stimmen von Jungen. Ein Schauder der Erregung ist in deinen Adern, eine überraschende Gespanntheit. Hellwach seid ihr auf einmal. Abenteuer sind in Sicht. Du glättest dein Haar und schaust verstohlen um dich. Tatsächlich … ein anderes Boot fährt hinter euch am Ufer entlang … zwei Jungen … Wie kann man die Fahrt verzögern? Wie zufällig anhalten? Die steile Böschung, der ihr entgegentreibt, ist mit Rhododendren bedeckt … verführerische Büschel scharlachroter und weißer Blüten hängen

**Aufgaben**

1. Persönliche Erinnerungen werden häufig in der Ich-Form erzählt. Welche Form wählt die Erzählerin in diesem Text? Notiere.

2. Warum wählt die Erzählerin die Du-Form? Formuliere Gründe.

3. Wie beschreibt die Erzählerin den „wunderbaren Tag" im Juni. Notiere Stichworte und ordne sie den Überschriften „Wahrnehmungen" und „Gefühle" zu.

4. Was sollen die vielen Auslassungspünktchen in diesem Text ausdrücken? Schreibe deine Vermutung auf.

*Fortsetzung auf Seite 38*

*Fortsetzung von Seite 37*

## Ein Tag im Juni

über dem See und werfen dunkle Schatten auf das Wasser. Mit bebender Stimme sagt Linda: „Lass uns Blumen pflücken." Das reicht … vier Worte … und ihr beide versteht euch völlig. Du stellst dich im Boot auf, gefährlich schaukelnd und kichernd, als du dich reckst und die Blüten abreißt … rücksichtslos die Zweige abbrichst … ihr lacht die ganze Zeit … vielleicht ein bisschen zu aufgedreht, aber ihr lacht, pflückt die Blumen und sehnt euch danach, über die Schulter zu blicken, wagt es aber nicht. Eine köstliche Aufregung summt die ganze Zeit in dir. Die Stimmen werden lauter. Einen hört ihr sagen: „Lass uns rüberpaddeln, die Mädchen besuchen." Ihr pflückt den Rhododendron jetzt sorgfältiger, seid bewusst um Grazie und Gleichgültigkeit bemüht. „Hallo, ihr", ruft eine warme männliche Stimme hinter euch. Mit vorgetäuschter Überraschung fahrt ihr herum. „Oh, hallo …" Du tust atemlos und kippst beinahe das Boot, als du dich hinsetzt. Und jetzt? Nervös fragst du dich, wie es weitergehen wird. Aber das Weitere ergibt sich von allein. Du siehst zu Linda, die in aufgeregter Fröhlichkeit kichert und ihr blondes Haar aus den Augen schüttelt. Du siehst zu den beiden Jungs … von nahem nicht so gut aussehend … aber nett. Die Boote schaukeln, bedeutungsloses Geplauder geht hin und her. Du denkst zurück und kannst dich nicht einmal an deine Worte erinnern. Aber ihr lacht … wisst, dass sie euch niedlich finden … wisst, dass sie euch nett finden. Ihr stachelt die Jungs auf, wer von uns kann schneller paddeln? Sie schauen sich lachend an. Wollen wir um die Wette, schlagt ihr vor. Oh, nein, das wäre nicht fair. Einer wird für dich paddeln. Du protestierst vergnügt. Sie bestehen darauf. Heimlich hoffst du, dass der dunkelhaarige Typ zu dir kommt … Leichtfüßig steigt er in euer Boot und nimmt das Ruder. Buck heißt er. Don, der andere Junge, lässt einen gespielten Seufzer los: „Ich kann nicht allein paddeln." Er guckt Linda an. Geschmeichelt tut sie, als zögere sie, und fragt: „Soll ich?" Aber sie steigt auch um und alles ist vollkommen. Ihr sitzt den Jungs gegenüber, lehnt euch in die Kissen und tauscht heimliche Blicke befriedigten Stolzes. So etwas ist noch nie vorher passiert. Keiner der Jungs aus der Schule ist je so nett zu euch gewesen. Du konzentrierst dich auf Buck. Er ist dünn und blass, mit dunklen Augen und strähnigem, schwarzem Haar, aber du bemerkst sein ungekämmtes Haar, seine Blässe nicht; du siehst nur seine Augen. Hier ist ein Junge … paddelt dein Boot … er mag dich. Sofort ist Buck mit einem träumerischen Schleier umhüllt. Mit jeder Minute wird er anziehender. Du schiebst den bohrenden Gedanken „Was werden die Leute sagen?" beiseite. Du lachst dauernd, gibst dich geheimnisvoll und, wie du findest, kokett.

Die Strahlen der Sonne werden jetzt kühler. Du kannst die Dämmerung nicht zurückdrängen. In der Ferne taucht das Bootshaus auf. Die unausgesprochene Frage erhebt sich gleichzeitig zwischen

**Aufgaben**

5. Warum schlägt Linda vor, Blumen zu pflücken? Belege deine Antwort mit Textstellen.

6. Markiere Textstellen, in denen deutlich wird, dass die Erzählerin die Wirkung ihres Verhaltens klug berechnet.

*Fortsetzung von Seite 38*

**Ein Tag im Juni**

euch vieren ... wie soll man zahlen? Du hast den unangenehmen Gedanken, die Boote zu tauschen und allein weiterzufahren, aber ein alberner, launischer Teil in dir ist dagegen. Warum nicht seine Macht erproben? Warum nicht? „Was kostet euer Boot?", fragt Buck kurz. Wieder tauschst du mit Linda einen Blick und ihr seid euch einig. „Kostet?", stammelst du unschuldig. „Muss man das bezahlen?" Es dauert eine Weile, bis ihr die Jungen überzeugt habt, dass ihr ohne Geld seid, aber ihr versteckt die Geldbörsen in den Taschen und haltet euch an die Spielregeln. Buck paddelt voraus und fragt dich mit starrem, brennendem Blick: „Und was hättet ihr gemacht, wenn wir nicht vorbeigekommen wären?" Du siehst ihn an, innerlich schüttelt es dich, Glut hämmert in deinen Schläfen. Jetzt wird es ein wenig zu ungemütlich. Tränen verlegenen Zorns trüben heiß und nass deine Augen, salzig beißend. Wunderbarerweise wird sein Gesicht sanft. „He, Mensch, nicht weinen. Ich bezahl für uns. Ich will bloß nicht, dass die wissen, dass ich Geld hab." Du fühlst dich mies, sehr klein und gemein angesichts solcher Großzügigkeit. Du möchtest sagen: „Tut mir leid, es ist alles gelogen", aber die Worte kommen einfach nicht heraus. Er vertraut dir jetzt. Sein Gesicht ist freundlich, und du kannst ... willst ... das nicht ändern, indem du ihm die Wahrheit sagst. „Oh, Buck", das Gefühl würgt dich. „Hilf mir da raus, wenn wir ankommen, so, als wärst du ein alter Freund, dann denkt der Mann, dass wir uns alle schon ewig kennen."

„Klar doch", sagt er. Das Boot gleitet an den Landesteg, wo der Mann schon wartet. Du kannst ihn nicht ansehen. Mit abgewandtem Kopf kletterst du auf den Steg, kaum dass du merkst, dass Buck dir hinaufgeholfen und den Mann bezahlt hat. Du stürzt davon, beschämt, hasst dich selbst. Er ruft dir nach. Linda und Don sind eben zusammen angekommen. Ihr geht nebeneinander und die Jungen folgen euch in dem grünen Dunkel des Waldwegs mit den langen, kühlen Schatten. Ihr flüstert. Was kann man machen? Wie könnt ihr gutmachen, dass ihr so gemein gewesen seid? Ihr geht schneller. „Versuch nicht abzuhauen", sagt Buck ruhig hinter dir. Deine Beine schlottern in unsinniger Panik. „Ich werd es ihnen sagen", wispert Linda dir zu. „Nein", zischst du hitzig zurück. Wie kannst du ihr erklären, wie es steht ... dass Buck dir vertraut? Alles würde verdorben ... zerstört werden. Aber Linda hat sich schon umgedreht. Alle bleiben stehen. Der Nachmittag ist schwer vom Warten. Du möchtest schreien, ihre reuige Stimme übertönen, als sie zu Buck und Don sagt: „Wir haben nur Spaß gemacht, wir haben Geld dabei, und damit ihr seht, dass wir nicht ganz gemein sind, zahlen wir euch das jetzt zurück." Die Stille ist ekelhaft. Buck kann man jetzt nicht ansehen und Linda nicht sagen, was sie angerichtet hat. Wie kann sie noch weitermachen? Aber sie kann. „Wenn wir euch das Geld geben, lasst ihr uns dann allein?" Bucks Stimme ist gefährlich ruhig. Er sagt zu dir, allein zu dir: „Dann war das vorhin im Boot alles Theater?" Deine Augen sind starr auf die Straße geheftet. Ein merkwürdig hoher Ton schrillt in deinen Ohren. Du nickst, wortlos. Um dich zerspringt der Nachmittag in Millionen Glassplitter. Schadenfroh steigen sie in grünen, blauen und gelben Farben auf, tanzen und wirbeln um dich herum ... erstickende, glimmende Farbflocken. Du nimmst wahr, dass die Jungen das Geld genommen haben und sich, kleiner und kleiner werdend, auf der Straße entfernen. Du bleibst mit Linda stehen und ihr schaut ihnen nach. Es ist etwas so Endgültiges um jemand, der eine Straße hinunter verschwindet, sich nicht umdreht, nicht zurückblickt. Linda seufzt mit Befriedigung. Sie hat getan, was nötig war, und betrachtet den Vorfall also als erledigt. Aber du, du gehst langsam neben ihr her, sagst nichts. Wie kannst du je erklären, wie es war. Wie kannst du je erklären, dass du mit mehr betrogen hast als nur mit Geld. Es ist etwas so Trostloses, so Endgültiges um eine leere Straße. Du gehst weiter, sagst nichts.

*Sylvia Plath*

**Aufgaben**

7. Beschreibe die widerstreitenden Gefühle der Erzählerin. Führe dabei Textbelege an.

8. Erläutere die Aussage: „Wie kannst du je erklären, dass du mit mehr betrogen hast als nur mit Geld."

9. Berichte von einem Tag, den du nie vergisst. Schreibe in der Du-Form.

# Junge liebt Mädchen – Mädchen liebt Jungen

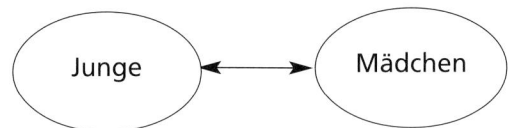

*Auf dieses Grundmuster kann man unzählige Geschichten – lange und kurze – zurückführen. Das bedeutet aber nicht, dass dieses Muster alt und verbraucht ist. Im Gegenteil!*

**Aufgaben**

**Legende:**
lieben sich
lieben/liebt sie/ihn
hassen sich
hassen/hasst sie/ihn

1. Beschreibe kurz, worum es in den skizzierten Geschichten gehen könnte.
   Tipp: Nimm die Legende rechts zur Hilfe.

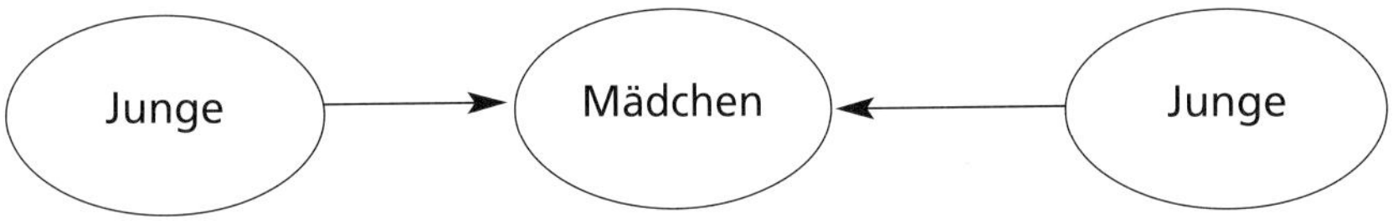

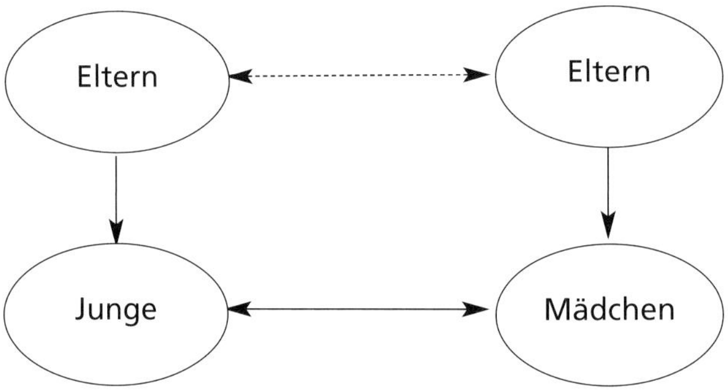

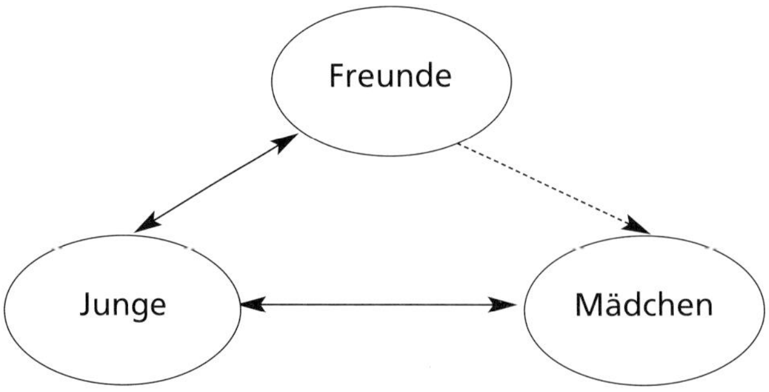

_____
_____

_____
_____

_____
_____

2. Kennst du eine Liebesgeschichte, die nach einem dieser Muster funktioniert? Erzähle sie.

3. Entwirf eigene Muster und erzähle eine passende Geschichte dazu. Du kannst die Legende oben natürlich erweitern.

# Eine Räubergeschichte

**Aufgaben**

1. Was zeichnet eine Räubergeschichte eurer Ansicht nach aus? Notiert gemeinsam die nötigen Zutaten.

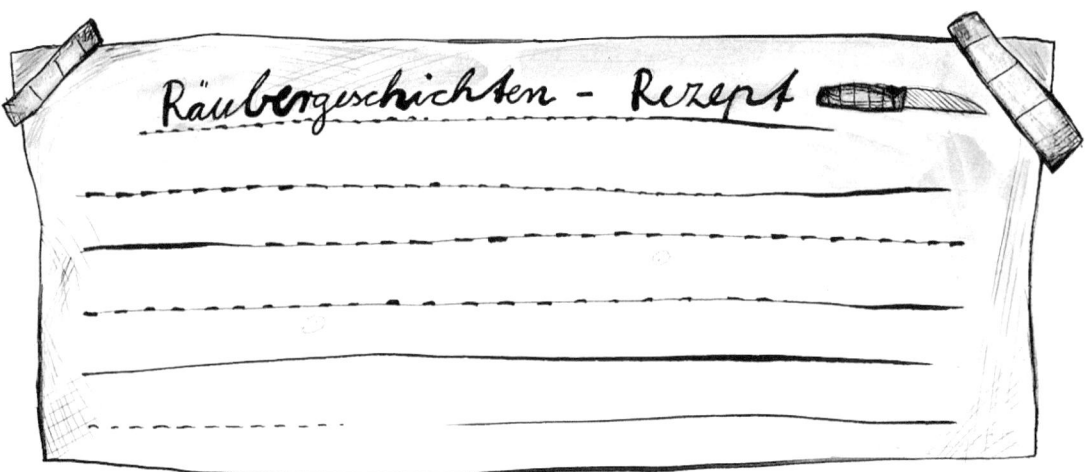

2. Lest nun die Räubergeschichte von Mustafa Haikal. Diskutiert anschließend, ob die Geschichte eure Erwartungen an eine Räubergeschichte erfüllt.

Einmal schrieb ich über einen Räuber. Ich hätte auch über jemand anderes schreiben können. Über einen Bankdirektor zum Beispiel oder über einen Polizisten oder über einen kleinen Papageien mit roten Federn. Ich aber schrieb über einen Räuber.

5 Der Räuber war groß und dick. Seine Stiefel knarrten. Was der Räuber unter dem Mantel trug, konnte ich nur raten. Auch, wo der Räuber wohnte, wusste ich nicht. Vielleicht in einem Wohnwagen? Oder in einer Höhle? Oder auf einem Baum in einhundert Meter Höhe?

Ich wusste überhaupt wenig und gerade so viel, um den Räuber zu erken-
10 nen. So erkannte ich noch, wie er um die Ecke bog. Er drückte sich an der Wand entlang und verbarg sein Gesicht.

Wie das Gesicht aussah?

Nun, ganz normal. Tintenblau und krebsrot. Es war ja Nacht. Nur der Mond leuchtete. Der Mond und ein Stern.

15 Ein Stern nur?

Ja! Doch das gehört nicht hierher.

Und der Räuber? Was geschah mit ihm?

Er verschwand. Seine Stiefel knarrten und dann verschwand er.

*Mustafa Haikal*

3. Schreibe auf, was du in dieser Geschichte über den Räuber erfährst.

*Fortsetzung auf Seite 42*

*Fortsetzung von Seite 41*  **Eine Räubergeschichte**

**Aufgaben**

4. Sieh dir das Bild an. Male alle Personen, Tiere und Dinge aus, die in der Geschichte (S. 41) vorkommen.

5. Ergänze in der rechten unteren Ecke des Bildes eine Höhle, in die der Räuber seine Beute trägt.

6. Entwickle mit Hilfe des Bildes eine „richtige" Räubergeschichte. Schreibe die Geschichte auf.

# Made in Hongkong

**Aufgaben**

1. Was bedeutet die englische Bezeichnung „made in Hongkong"?
   Du kannst ein Wörterbuch zur Hilfe nehmen.

*Made in Hongkong* – das habt ihr sicher schon auf einem eurer Spielzeuge gelesen. Aber wisst ihr auch, was es heißt? Also, ich will es euch erklären.
Was Maden sind, wisst ihr, so nennt man die Käfer, wenn sie noch so klein sind, dass sie wie winzige Würmer aussehen.
In einem Garten lebte einmal eine ganze Schar solcher Maden. Eine davon war besonders klein und wurde von den anderen ständig ausgelacht. „Du bringst es nie zu etwas!", sagten sie immer wieder, bis die kleine Made so wütend wurde, dass sie sagte: „Ich bringe es weiter als ihr alle. Ich komme bis nach Hongkong!", und schnell davonkroch.
„Viele Grüße!", riefen ihr die anderen nach, „und lass' es uns wissen, wenn du in Hongkong angekommen bist!"
Die Made kroch zum Flughafen und konnte sich dort im Spalt einer großen Kiste verstecken. Der Zufall wollte es, dass diese Kiste nach Hongkong geflogen wurde, aber das war noch nicht alles. Die Kiste war nämlich voll Gold, und deshalb wurde sie in Hongkong auf dem Flughafen von Räubern gestohlen, die damit davonfuhren und sie in einem verlassenen Keller versteckten. Nachher wollten sie eine zweite solche Kiste rauben, wurden aber dabei von der Polizei erschossen.
Jetzt wusste niemand mehr, wo die Kiste mit dem Gold war, außer unserer Made. Die überlegte sich, wie sie ihren Maden zu Hause mitteilen konnte, dass sie in Hongkong angekommen war. Dabei kam ihr in den Sinn, dass im Garten, wo sie lebten, ein großer Sandhaufen war, in dem viele Kinder spielten. Deshalb kaufte sie mit ihrem Gold alle Spielzeugfabriken in ganz Hongkong und befahl sofort, dass man auf jedes Spielzeug, das nach Europa verkauft wurde, die Nachricht draufdrucken musste: Made in Hongkong.
Ich kann euch sagen, die Maden machten große Augen, als sich die Kinder im Sandhaufen laut vorlasen, was auf ihren neuen Spielzeugen stand.
„Habt ihr das gehört?", flüsterten die Maden einander zu, „die ist tatsächlich angekommen."
Viele von ihnen versuchten daraufhin, auch die Reise zu machen, aber keiner gelang es, die eine flog mit einer Pendeluhr nach Amsterdam, die andere versteckte sich in einem Sandwich und wurde unterwegs aufgegessen, und die meisten kamen nicht einmal bis zum Flughafen, weil sie ihn entweder nicht fanden oder vorher von einem Vogel aufgepickt wurden. Klein sein allein genügt eben nicht, es gehört auch noch etwas Glück dazu.

*Franz Hohler*

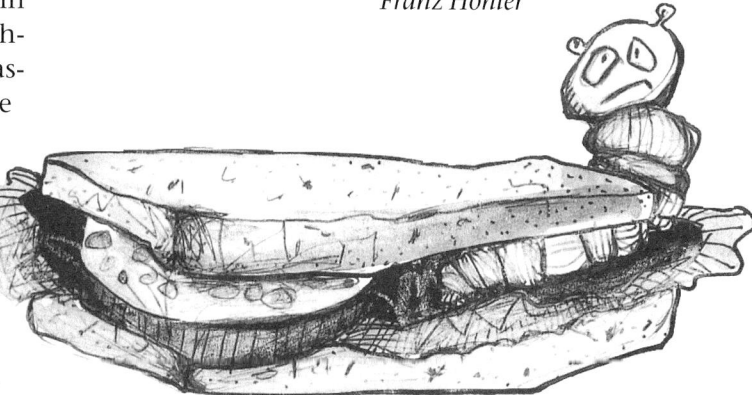

2. Schreibe auf, wie die Formulierung „Made in Hongkong" im Text erklärt wird.

3. Erkläre den Witz der Geschichte deinem Banknachbarn.

4. Hast du schon gewusst, dass man ein Papier nur sieben bis acht Mal in der Mitte falten kann?
   Probiere es mit diesem Blatt gleich mal aus. Bearbeite dann Aufgabe 5.

5. Wie oft kann man wohl eine Geschichte verkleinern?
   Probiere es an dieser Geschichte aus: Jedes Mal, wenn du die Geschichte nacherzählst, darfst du nur noch die Hälfte der Wörter verwenden.
   Tipp: Eine Geschichte gilt nur dann als korrekt verkleinert, wenn sie noch verständlich ist.

6. Diskutiert, ob sich manche Geschichten besser kürzen lassen als andere.

# Jodok lässt grüßen

Von Onkel Jodok weiß ich gar nichts, außer dass er der Onkel des Großvaters war. Ich weiß nicht, wie er aussah, ich weiß nicht, wo er wohnte und was er arbeitete.

Ich kenne nur seinen Namen: Jodok.

Und ich kenne sonst niemanden, der so heißt.

Der Großvater begann seine Geschichten mit: „Als Onkel Jodok noch lebte" oder mit „Als ich den Onkel Jodok besuchte" oder „Als mir Onkel Jodok eine Maulgeige schenkte".

Aber er erzählte nie von Onkel Jodok, sondern nur von der Zeit, in der Jodok noch lebte, von der Reise zu Jodok und von der Maulgeige von Jodok.

Und wenn man ihn fragte: „Wer war Onkel Jodok?", dann sagte er: „Ein gescheiter Mann."

Die Großmutter jedenfalls kannte keinen solchen Onkel und mein Vater musste lachen, wenn er den Namen hörte. Und der Großvater wurde böse, wenn der Vater lachte, und dann sagte die Großmutter: „Ja, ja, der Jodok", und der Großvater war zufrieden.

Lange Zeit glaubte ich, Onkel Jodok sei Förster gewesen, denn als ich einmal zum Großvater sagte: „Ich will Förster werden", sagte er, „das würde den Onkel Jodok freuen."

Aber als ich Lokomotivführer werden wollte, sagte er das auch, und auch als ich nichts werden wollte. Der Großvater sagte immer: „Das würde den Onkel Jodok freuen."

Aber der Großvater war ein Lügner.

Ich hatte ihn zwar gern, aber er war in seinem langen Leben zum Lügner geworden.

Oft ging er zum Telefon, nahm den Hörer, stellte eine Nummer ein und sagte ins Telefon: „Tag, Onkel Jodok, wie gehts denn, Onkel Jodok, nein, Onkel Jodok, ja doch, bestimmt, Onkel Jodok", und wir wussten alle, dass er beim Sprechen die Gabel runterdrückte und nur so tat.

Und die Großmutter wusste es auch, aber sie rief trotzdem: „Lass jetzt das Telefonieren, das kommt zu teuer."

Und der Großvater sagte: „Ich muss jetzt Schluss machen, Onkel Jodok" und kam zurück und sagte: „Jodok lässt grüßen."

Dabei hatte er früher immer gesagt: „Als Onkel Jodok noch lebte", und jetzt sagte er schon: „Wir müssen unsern Onkel Jodok mal besuchen."

Oder er sagte: „Onkel Jodok besucht uns bestimmt", und er schlug sich dabei aufs Knie, aber das sah nicht überzeugend aus, und er merkte es und wurde still und ließ dann seinen Jodok für kurze Zeit sein.

Und wir atmeten auf.

Aber dann begann es wieder:

Jodok hat angerufen.

Jodok hat immer gesagt.

Jodok ist derselben Meinung.

Der trägt einen Hut wie Onkel Jodok.

Onkel Jodok geht gern spazieren.

Onkel Jodok erträgt jede Kälte.

Onkel Jodok liebt die Tiere liebt Onkel Jodok geht mit ihnen spazieren bei jeder Kälte geht Onkel Jodok mit den Tieren geht Onkel Jodok verträgt jede Kälte verträgt der Onkel Jodok d-e-r O-n-k-e-l J-o-d-o-k.

Und wenn wir, seine Enkel, zu ihm kamen, fragte er nicht: „Wie viel gibt zwei mal sieben", oder: „Wie heißt die Hauptstadt von Island", sondern: „Wie schreibt man Jodok?"

Jodok schreibt man mit einem langen J und ohne CK, und das Schlimme an Jodok waren die beiden O. Man konnte sie nicht mehr hören, den ganzen Tag in der Stube des Großvaters die O von Joodook.

Und der Großvater liebte die O von Jooodoook und sagte:

Onkel Jodok kocht große Bohnen.

Onkel Jodok lobt den Nordpol.

Onkel Jodok tobt froh.

Dann wurde es bald so schlimm, dass er alles mit O sagte:

*Fortsetzung auf Seite 45*

*Fortsetzung von Seite 44*

**Jodok lässt grüßen**

Onkel Jodok, word ons bosochon, or ost on goschotor Monn, wor roson morgon zom Onkol.
Oder so:
Onkoljodok word
onsbosochon orost
ongoschotor mon
woroson mor
gonzomonkol.
Und die Leute fürchteten sich mehr und mehr vor dem Großvater, und er begann jetzt sogar zu behaupten, er kenne keinen Jodok, habe nie einen gekannt. Wir hätten davon angefangen. Wir hätten gefragt: „Wer war Onkel Jodok?"
Es hatte keinen Sinn, mit ihm zu streiten.
Es gab für ihn nichts anderes mehr als Jodok.
Bereits sagte er zum Briefträger: „Guten Tag, Herr Jodok", dann nannte er mich Jodok und bald alle Leute.
Jodok war sein Kosename: „Mein lieber Jodok", sein Schimpfwort: „Vermaledeiter Jodok" und sein Fluch: „Zum Jodok noch mal".
Er sagte nicht mehr: „Ich habe Hunger", er sagte: „Ich habe Jodok". Später sagte er auch nicht mehr „Ich", dann hieß es „Jodok hat Jodok".
Er nahm die Zeitung, schlug die Seite „Jodok und Jodok" – nämlich Unglück und Verbrechen – auf und begann vorzulesen:
„Am Jodok ereignete sich auf der Jodok bei Jodok ein Jodok, der zwei Jodok forderte. Ein Jodok fuhr auf der Jodok von Jodok nach Jodok. Kurze Jodok später ereignete sich auf der Jodok von Jodok der Jodok mit einem Jodok. Der Jodok des Jodoks, Jodok Jodok, und sein Jodok, Jodok Jodok, waren auf dem Jodok tot."
Die Großmutter stopfte sich die Finger in die Ohren und rief: „Ich kann's nicht mehr hören, ich ertrag es nicht." Aber mein Großvater hörte nicht auf. Er hörte sein ganzes Leben lang nicht auf, und mein Großvater ist sehr alt geworden, und ich habe ihn sehr gern gehabt. Und wenn er zum Schluss auch nichts anderes mehr als Jodok sagte, haben wir zwei uns doch immer sehr gut verstanden. Ich war sehr jung und der Großvater sehr alt, er nahm mich auf die Knie und jodokte Jodok die Jodok vom Jodok Jodok – das heißt: „Er erzählte mir die Geschichte von Onkel Jodok", und ich freute mich sehr über die Geschichte, und alle, die älter waren als ich, aber jünger als mein Großvater, verstanden nichts und wollten nicht, dass er mich auf die Knie nahm, und als er starb, weinte ich sehr.
Ich habe allen Verwandten gesagt, dass man auf seinen Grabstein nicht Friedrich Glauser, sondern Jodok Jodok schreiben müsse, mein Großvater habe es so gewünscht. Man hörte nicht auf mich, so sehr ich auch weinte.

Aber leider, leider ist diese Geschichte nicht wahr, und leider war mein Großvater kein Lügner, und er ist leider auch nicht alt geworden.
Ich war noch sehr klein, als er starb, und ich erinnere mich nur noch daran, wie er einmal sagte: „Als Onkel Jodok noch lebte", und meine Großmutter, die ich nicht gern gehabt habe, schrie ihn schroff an: „Hör auf mit deinem Jodok", und der Großvater wurde ganz still und traurig und entschuldigte sich dann.
Da bekam ich eine große Wut – es war die erste, an die ich mich noch erinnere – und ich rief: „Wenn ich einen Onkel Jodok hätte, ich würde von nichts anderem mehr sprechen."
Und wenn das mein Großvater getan hätte, wäre er vielleicht älter geworden, und ich hätte heute noch einen Großvater, und wir würden uns gut verstehen.

*Peter Bichsel*

**Aufgabe**

1. In welchen Schritten verändert sich die Sprache des Großvaters? Notiere.

   1. Schritt: _____
   2. Schritt: _____
   3. Schritt: _____
   4. Schritt: _____

*Fortsetzung von Seite 45*  **Jodok lässt grüßen**

**Aufgaben**

2. Fasse die Geschichte zusammen. Gehe so vor:
a) Fasse zuerst den Textteil von Zeile 161–178 in einem Satz zusammen.
b) Fasse dann den Textteil von Zeile 1–160 in einem Satz zusammen.
c) Fasse schließlich die ganze Geschichte in einem Satz zusammen:

Zeile 161–178: _____

Zeile 1–160: _____

Gesamthandlung: _____

3. Wer erfindet hier Geschichten? Der Ich-Erzähler oder sein Großvater?
Beantworte die Frage mit Hilfe des Textes.

4. Warum hält der Ich-Erzähler sehr viel vom Geschichtenerfinden? Überlegt gemeinsam.

5. Übersetze den folgenden Zeitungsbericht in eine verständliche Sprache. Du musst dazu das Wort „Jodok" durch verschiedene Nomen (= Substantive) ersetzen. Schreibe auf die Linien rechts.
Tipp: Zeitangaben, Ortsangaben und Namen musst du erfinden.

### SCHRECKLICHER JODOK!

Am Jodok ereignete sich auf der Jodok bei Jodok ein Jodok, der zwei Jodok forderte. Ein Jodok fuhr auf der Jodok von Jodok nach Jodok. Kurze Jodok später ereignete sich auf der Jodok von Jodok nach Jodok der Jodok mit einem Jodok. Der Jodok des Jodok, Jodok Jodok, und sein Jodok, Jodok Jodok, waren auf der Jodok tot.

6. In dem Zeitungsbericht aus Aufgabe 5 sind alle Nomen durch das Wort „Jodok" ersetzt.
Dennoch kann man den Text übersetzen und ihn sogar der Textsorte „Zeitungsbericht" zuordnen.
Erkläre, warum das so ist.

# Der Kaufmann und der Zimmermann

Um das Jahr ungefähr, da man zählet tausendvierhundertundsechs, begab sich's, dass ein Kaufmann geritten ist gen Frankfurt auf die Messe, da ist ihm der Mantelsack vom Sattel gefallen, darin waren achthundert Gülden. Da ist ein Zimmermann kommen und hat den Mantelsack gefunden und hat ihn mit sich heimgetragen, und da er heimkommen ist, hat er den Mantelsack aufgetan und hat gesehen, was darin war, und hat ihn heimlich behalten, ob jemand darnach fragen werde. Am nächsten Sonntag darnach hat der Kirchenherr im selben Dorfe, in welchem der Zimmermann wohnte, auf der Kanzel verkündet: Es sind achthundert Gülden verloren worden und wer dieselben gefunden hat, dem will man hundert Gülden schenken, wenn er's wiedergibt. Und der Zimmermann war nicht in der Kirche gewesen zum selbigen Mal. Und da man über Tische saß, sagte seine Hausfrau, wie achthundert Gülden verloren wären. Ach sagt' sie, hätten wir den Sack funden, dass uns hundert Gülden würden. Der Mann sprach: Frau, geh hinauf in unsere Kammer; unter der Bank beim Tisch auf dem Absatz der Mauer liegt ein lederner Sack, den bring herab. Die Frau ging hinauf und holete ihn und bracht' ihn dem Manne; der Mann thät den Sack auf, da waren die achthundert Gülden darinne, wie der Pfarrer verkündet hatte. Der Zimmermann ging zum Pfarrer und fragte ihn: Ob es also wär', wie er verkündet hätte, dass man dem Finder hundert Gülden schenken wolle? Der Geistliche sprach: Ja. Da sagt der Zimmermann: Heißet den Kaufmann kommen, das Geld ist da. Da ward der Kaufmann froh und kam. Nachdem er das Geld gezählet, warf er dem Zimmermann fünf Gülden hin und sprach zu ihm: Die fünf Gülden schenk ich dir, du hast selber hundert genommen und hast dir selbst gelohnet, es sind neunhundert Gülden gewesen. Der Zimmermann sprach: dem ist nicht also; ich habe weder einen Gülden noch hundert genommen, ich bin in dieser Sache unschuldig. Das Geld ward hinter das Gericht gelegt und sie kamen miteinander vor Gericht. Nach manchem Gerichtstag ward ein Tag des Ausspruchs angesetzt. Da kamen viel fremde Leute, die wollten den Ausspruch hören. Und man fraget den Kaufmann, ob er einen Eid schwören könne, dass er neunhundert Gülden verloren? Sprach der Kaufmann: Ja. Da sprach das Gericht: Hebe die Hand auf und schwöre. Darnach fraget das Gericht den Zimmermann: Ob er einen Eid schwören möchte, dass er nicht mehr denn achthundert Gülden gefunden? Sprach der Zimmermann: Ja, und schwur den Eid. Da erkannten die Urteilssprecher, dass sie beide recht geschworen hätten, der Kaufmann, der die neunhundert Gülden verloren, und der Zimmermann, der nur achthundert gefunden hätt', …

*Ludwig Aurbacher*

## Aufgaben

1. Was behauptet der Kaufmann? Was behauptet der Zimmermann? Erkläre den Streit zwischen Kaufmann und Zimmermann mit eigenen Worten.

2. Der Richter sagt, dass beide – Kaufmann und Zimmermann – Recht haben. Wie kann das sein? Erkläre.

3. Wer bekommt denn nun was? Schreibe einen möglichen Schluss. Vergleiche dein Ergebnis mit dem Original im Lösungsteil.

4. Setze den Text in eine Bildergeschichte um.
a) Unterteile den Text in Erzählschritte.
b) Zeichne zu jedem Erzählschritt ein Bild.

5. Übertrage die Handlung der Geschichte in die Gegenwart und schreibe einen Zeitungsbericht. Wenn du willst, kannst du den folgenden Anfang verwenden.

*Letzte Woche Donnerstag verlor der Kaufmann, (Name), auf dem Weg zur Frankfurter Börse sein Portemonnaie. Darin waren neben einem Bündel Kreditkarten etwa 800 Euro in bar …*

# Zeitungsgeschichten

**Aufgabe**

1. In einer Zeitung gehen täglich hunderte von Meldungen ein, gedruckt wird aber nur ein kleiner Teil. Erklärt, warum die Meldungen auf den Seiten 48 und 49 der Zeitung einen kurzen Bericht wert waren.

## Mit starkem Kaffee Räuber verjagt

Newport Beach (dpa) – Mit einem kräftigen Schwung heißen Kaffees hat ein Schmuckverkäufer in Newport Beach (Kalifornien) einen Räuber verjagt. Der bewaffnete Mann hatte dem Handelsvertreter aufgelauert und dessen Koffer gefordert. Dem Sender KNBC zufolge schleuderte der Schmuckverkäufer dem Räuber den brühend heißen Kaffee ins Gesicht. Der Täter flüchtete ohne Beute.

## Bad Pyrmont

Das aus dem Bad Pyrmonter Tierpark entsprungene Känguru „Manni" genießt immer noch seine Freiheit. Nachdem das Beuteltier am Mittwochmorgen in der Nähe von Aerzen bei Hameln gesehen worden sein soll, verlor sich seine Spur bis zum Abend wieder. Eine konkrete Suche nach dem Känguru zu starten sei sinnlos, sagte der Leiter des Tierparks, Gerhard Grüne. „Manni ist so schnell, dass es ohnehin fast unmöglich wäre, ihn zu erwischen." Das Känguru war in der Nacht zum Dienstag aus dem Tierpark ausgebrochen.

Seit dem Verschwinden des 60 bis 80 Zentimeter großen Tieres erhält der kleine Zoo laufend Anrufe von Zeugen, die „Manni" gesehen haben wollen. Selbst bis Schwerin soll das Känguru demnach schon gehüpft sein.

## RENTNER JAGT RÄUBER HANDTASCHE AB

Ein 66-jähriger Rentner hat Donnerstagabend nach einem Fahrrad-Wettrennen einen Handtaschenräuber gestellt. Der Täter hatte in der Nibelungenstraße einer 63-Jährigen im Vorbeifahren die Handtasche aus der Hand gerissen. Der Rentner wurde auf die Hilferufe aufmerksam und versuchte, ihn auf seinem Rad einzuholen. Nach einer Verfolgungsjagd, die sich über mehrere Straßen erstreckte, gelang es dem sportlichen Rentner, den vollkommen erschöpften Täter in der Canalettostraße zu stellen. Er forderte die Handtasche der Frau zurück. Der Räuber gab sie ihm und suchte das Weite. Er ist etwa 30 Jahre alt, schlank und 1,80 Meter groß, dunkelhaarig und fuhr mit einem dunklen Mountainbike.

*Fortsetzung auf Seite 49*

*Fortsetzung von Seite 48*  **Zeitungsgeschichten**

## Kind klaut Chips für Wiesn-Autoscooter

München – Einem minderjährigen Straftäter ist die Polizei im Umfeld der Wiesn auf die Spur gekommen. Den elf Jahre alten Realschüler aus dem Westend packte offenbar auf seinem Schulweg am Dienstagmorgen die Wiesn-Sehnsucht. Statt schnurstracks seinen
5 Pflichten nachzugehen, machte er einen Abstecher zu einem Autoscooter auf dem Oktoberfest. Er nutzte die frühe Stille und nahm sich eine Leiter von einem Lagerplatz, lehnte sie gegen den Kassenwagen und stieg über ein Oberlicht in 1,80 Meter Höhe in den Raum. Auf Geld hatte er es offenbar nicht abgesehen, sondern auf die Chips.
10 Er steckte sich gleich eine größere Menge der kleinen Plastikmarken in die Hosentasche. Der Besitzer des Fahrgeschäfts wurde durch den Lärm allerdings aufmerksam und stellte den Schüler. Der Wiesn-Wache musste er die Chips zurückgeben.

## Nach einer Woche aus dem Kofferraum befreit

Pinneberg (AP) – Das Ende eines mysteriösen Vermisstenfalls gibt der Polizei Rätsel auf: Am Montag wurde ein 58-jähriger Mann aus dem Kofferraum seines Autos befreit, in den er sich offenbar selbst eingesperrt hatte. Er musste ins
5 Krankhaus gebracht werden. Der Hintergrund des Vorfalls kann vermutlich erst geklärt werden, wenn sich der Zustand des 58-Jährigen stabilisiert hat. Der Mann war von seiner Frau als vermisst gemeldet worden. Ein Nachbar hörte aus der Garage Hilferufe. Der Feuerwehr gelang es, den Koffer-
10 raum zu öffnen. Der Mann gab an, in den Kofferraum geklettert zu sein und den Deckel zugeschlagen zu haben.

**Aufgaben**

2. Bei diesen Texten handelt es sich um kurze Berichte. Schreibe zu einem der Berichte eine spannende Erzählung. Wenn du willst, kannst du einen der beiden Anfänge verwenden.
   Tipps: Schreibe in der Ich-Form oder in der Er-Form.
   Schreibe in der Vergangenheit.

   *Eine Woche im Kofferraum*
   *Kommissar Abendrot kratzte sich die Stirn. Der Mann war weg, spurlos verschwunden …*

   *Der schnelle Rentner*
   *Ich bog auf meinem Rennrad gerade um die Ecke Nibelungenstraße, als es geschah …*

3. Sucht in der Zeitung nach weiteren Berichten, die ihr in eine Geschichte umsetzen könnt.

# Wo kommen die Löcher im Käse her?

**Aufgaben**

1. Woher kommen die Löcher im Käse eurer Ansicht nach? Sammelt mögliche Erklärungen.

Wenn abends wirklich einmal Gesellschaft ist, bekommen die Kinder vorher zu essen. Kinder brauchen nicht alles zu hören, was Erwachsene sprechen, und es schickt sich auch nicht, und billiger ist es auch. Es gibt belegte Brote; Mama nascht ein bißchen mit, Papa ist noch nicht da.
„Mama, Sonja hat gesagt, sie kann schon rauchen – sie kann doch noch gar nicht rauchen!" – „Du sollst bei Tisch nicht reden." – „Mama, guck mal, die Löcher in dem Käse!" – Zwei Kinderstimmen, gleichzeitig: „Tobby ist aber dumm! Im Käse sind doch immer Löcher!" Eine weinerliche Jungenstimme: „Na ja – aber warum? Mama! Wo kommen die Löcher im Käse her?" – „Du sollst bei Tisch nicht reden!" – „Ich möchte aber doch wissen, wo die Löcher im Käse herkommen!" – Pause. Mama: „Die Löcher … also ein Käse hat immer Löcher, da haben die Mädchen ganz recht! … ein Käse hat eben immer Löcher." – „Mama! Aber dieser Käse hat doch keine Löcher! Warum hat der keine Löcher? Warum hat der Löcher?" – „Jetzt schweig und iß. Ich hab dir schon hundertmal gesagt, du sollst bei Tisch nicht reden! Iß!" – „Bwww –! Ich möchte aber wissen, wo die Löcher im Käse … aua, schubs doch nicht immer …" Geschrei. Eintritt Papa.
„Was ist denn hier los? Gun Ahmt!" – „Ach, der Junge ist wieder ungezogen!" – „Ich bin gah nich ungezogen! Ich will nur wissen, wo die Löcher im Käse herkommen. Der Käse hat Löcher, und der hat keine –!" Papa: „Na, deswegen brauchst du doch nicht so zu brüllen! Mama wird dir das erklären!" – Mama: „Jetzt gib du dem Jungen noch recht! Bei Tisch hat er zu essen und nicht zu reden!" – Papa: „Wenn ein Kind was fragt, kann man ihm das schließlich erklären! Finde ich." – Mama: „Toujours en présence des enfants!¹ Wenn ich es für richtig finde, ihm das zu erklären, werde ich ihm das schon erklären. Nu iß!" – „Papa, wo doch aber die Löcher im Käse herkommen, möchte ich doch aber wissen!" – Papa: „Also, die Löcher im Käse, das ist bei der Fabrikation; Käse macht man aus Butter und aus Milch, da wird er gegoren, und da wird er feucht; in der Schweiz machen sie das sehr schön – wenn du groß bist, darfst du auch mal mit in die Schweiz, da sind so hohe Berge, da liegt ewiger Schnee darauf – das ist schön, was?" – „Ja. Aber Papa, wo kommen denn die Löcher im Käse her?" – „Ich habs dir doch eben erklärt: die kommen, wenn man ihn herstellt, wenn man ihn macht." – „Ja, aber … wie kommen denn die da rein, die Löcher?" – „Junge, jetzt löcher mich nicht mit deinen Löchern und geh zu Bett! Marsch! Es ist spät!" – „Nein! Papa! Noch nicht! Erklär mir doch erst, wie die Löcher im Käse …" Bumm. Katzenkopf. Ungeheuerliches Gebrüll. Klingel.
Onkel Adolf: „Guten Abend! Guten Abend, Margot – 'n Ahmt – na, wie gehts? Was machen die Kinder? Tobby, was schreist du denn so?" – „Ich will wissen …" – „Sei still …!" – „Er will wissen …" – „Also jetzt bring den Jungen ins Bett und laß mich mit den Dummheiten in Ruhe!" Komm, Adolf, wir gehen solange ins Herrenzimmer; hier wird gedeckt!" – Onkel Adolf: „Gute Nacht! Gute Nacht! Alter Schreihals! Nu hör doch bloß mal …! Was hat er denn?" – „Margot wird mit ihm nicht fertig – er will wissen, wo die Löcher im Käse herkommen, und sie hats ihm nicht erklärt." – „Hast dus ihm denn erklärt?" – „Natürlich hab ichs ihm erklärt." – „Danke, ich rauch jetzt nicht – sag mal, weißt du denn, wo die Löcher im Käse herkommen?" „Na, das ist aber eine komische Frage! Natürlich weiß ich, wo die Löcher im Käse herkommen. Die entstehen bei der Fabrikation durch die Feuchtigkeit … das ist doch ganz einfach!" – „Na, mein Lieber … da hast du dem Jungen aber ein schönes Zeugs erklärt! Das ist doch überhaupt keine Erklärung!" – „Na, nimm mirs nicht übel – du bist aber komisch! Kannst du mir denn erklären, wo die Löcher im Käse herkommen?" – „Gott sei Dank kann ich das." „Also bitte."

1 Toujours en présence des enfants!: Immer in der Anwesenheit der Kinder!

2. Welche Reaktionen löst Tobbys Frage bei Mutter und Vater aus? Beurteile ihr Verhalten.

*Fortsetzung auf Seite 51*

*Fortsetzung von Seite 50*

**Wo kommen die Löcher im Käse her?**

„Also, die Löcher im Käse entstehen durch das sogenannte Kasein, was in dem Käse drin ist." – „Das ist doch Quatsch." – „Das ist kein Quatsch." – „Das ist wohl Quatsch; denn mit dem Kasein hat das überhaupt nichts zu ... gun Ahmt, Martha, gun Ahmt, Oskar ... bitte, nehmt Platz. Wie gehts? ... überhaupt nichts zu tun!"

„Was streitet ihr euch denn da rum?" – Papa: „Nu bitt ich dich um alles in der Welt; Oskar! du hast doch studiert und bist Rechtsanwalt: haben die Löcher im Käse irgend etwas mit Kasein zu tun?" – Oskar: „Nein. Die Käse im Löcher ... ich wollte sagen: die Löcher im Käse rühren daher ... also die kommen daher, daß sich der Käse durch die Wärme bei der Gärung zu schnell ausdehnt!" Hohngelächter der plötzlich verbündeten reisigen[2] Helden Papa und Onkel Adolf. „Haha! Hahaha! Na, das ist eine ulkige Erklärung! Der Käse dehnt sich aus! Hast du das gehört? Haha ..."

Eintritt Onkel Siegismund, Tante Jenny, Dr. Guggenheimer und Direktor Flackeland. Großes „Guten Abend! Guten Abend! – ... gehts? ... unterhalten uns gerade ... sogar riesig komisch ... ausgerechnet Löcher im Käse! ... es wird gleich gegessen ... also bitte, dann erkläre du –!"

Onkel Siegismund: „Also – die Löcher im Käse kommen daher, daß sich der Käse bei der Gärung vor Kälte zusammenzieht!" Anschwellendes Rhabarber, Rumor, dann großer Ausbruch mit vollbesetztem Orchester: „Haha! Vor Kälte! Hast du schon mal kalten Käse gegessen? Gut, daß Sie keinen Käse machen, Herr Apolant! Vor Kälte! Hähä!" – Onkel Siegismund beleidigt ab in die Ecke.

Dr. Guggenheimer: „Bevor man diese Frage entscheiden kann, müssen Sie mir erst mal sagen, um welchen Käse es sich überhaupt handelt. Das kommt nämlich auf den Käse an!" Mama: „Um Emmentaler! Wir haben ihn gestern gekauft ... Martha, ich kauf jetzt immer bei Danzel, mit Mischewski bin ich nicht mehr so zufrieden, er hat uns neulich Rosinen nach oben geschickt, die waren ganz ..." Dr. Guggenheimer: „Also, wenn es Emmentaler war, dann ist die Sache ganz einfach. Emmentaler hat Löcher, weil er ein Hartkäse ist. Alle Hartkäse haben Löcher."

Direktor Flackeland: „Meine Herren, da muß wohl wieder mal ein Mann des praktischen Lebens kommen ... die Herren sind ja größtenteils Akademiker ..." (Niemand widerspricht.) „Also, die Löcher im Käse sind Zerfallsprodukte beim Gärungsprozeß. Ja. Der ... der Käse zerfällt, eben ... weil der Käse ..." Alle Daumen sind nach unten gerichtet, das Volk steht auf, der Sturm bricht los. „Pö! Das weiß ich auch! Mit chemischen Formeln ist die Sache nicht gemacht!" Eine hohe Stimme: „Habt ihr denn kein Lexikon –?"

2 reisigen: berittenen

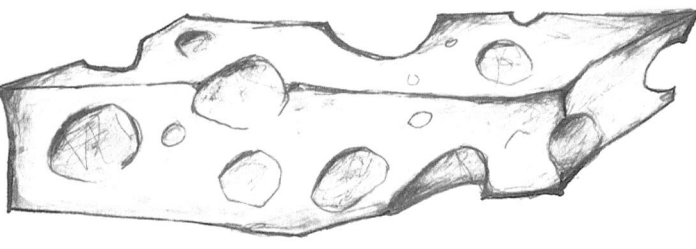

**Aufgabe**

3. Woher die Löcher im Käse kommen, beantworten alle anders.
   Schreibe die Erklärungen der verschiedenen Personen auf.

   Mutter: _____

   Vater: _____

   Onkel Adolf: _____

   Oskar: _____

   Onkel Siegismund: _____

   Dr. Guggenheimer: _____

   Direktor Flackeland: _____

*Fortsetzung auf Seite 52*

*Fortsetzung von Seite 51*

**Wo kommen die Löcher im Käse her?**

Sturm auf die Bibliothek. Heyse, Schiller, Goethe, Bölsche, Thomas Mann, ein altes Poesiealbum – wo ist denn … richtig!
GROBKALK BIS KERBTIERE
Kanzel, Kapital, Kapitalertragssteuer, Karbatsche, Kartätsche, Karwoche, Käse –! Laß mich mal! Geh weg! Pardon! Also:
‚Die blasige Beschaffenheit mancher Käsesorten rührt her von einer Kohlensäureentwicklung aus dem Zucker der eingeschlossenen Molke.'"
Alle, unisono³: „Hast es. Was hab ich gesagt?" … „‚eingeschlossenen Molke und ist … ' wo geht denn das weiter? Margot, hast du hier eine Seite aus dem Lexikon rausgeschnitten? Na, das ist doch unerhört – wer war hier am Bücherschrank? Sind die Kinder …? Warum schließt du denn den Bücherschrank nicht ab?" – „Warum schließt du den Bücherschrank nicht ab ist gut – hundertmal hab ich dir gesagt, schließ du ihn ab –" – „Nu laßt doch mal: also wie war das? Ihre Erklärung war falsch. Meine Erklärung war richtig." – „Sie haben gesagt, der Käse kühlt sich ab!" – „Sie haben gesagt, der Käse kühlt sich ab – ich hab gesagt, daß sich der Käse erhitzt!" „Na also, dann haben Sie doch nichts von der kohlensauren Zuckermolke gesagt, wie da drinsteht!" – „Was du gesagt hast, war überhaupt Blödsinn!" – „Was verstehst du von Käse? Du kannst ja nicht mal Bolles Ziegenkäse von einem alten Holländer unterscheiden!" – „Ich hab vielleicht mehr alten Holländer in meinem Leben gegessen wie du!" – „Spuck nicht, wenn du mit mir sprichst!" Nun reden alle mit einem Mal.
Man hört:
– „Betrag dich gefälligst anständig, wenn du bei mir zu Gast bist …!" – „saurige Beschaffenheit der Muckerzolke …" – „mir überhaupt keine Vorschriften zu machen! …" „Bei Schweizer Käse – ja! Bei Emmentaler Käse – nein! …" – „Du bist hier nicht bei dir zu Hause! Hier sind anständige Leute …" – „Wo denn –?" – „Das nimmst du zurück! Das nimmst du sofort zurück! Ich lasse nicht in meinem Hause meine Gäste beleidigen – ich lasse in meinem Hause meine Gäste nicht beleidigen! Du gehst mir sofort aus dem Haus!" – „Ich bin froh, wenn ich raus bin – deinen Fraß brauche ich nicht!" – „Du betrittst mir nicht mehr meine Schwelle!" – „Meine Herren, aber das ist doch …!" – „Sie halten überhaupt den Mund – Sie gehören nicht zur Familie! …" – „Na, das hab ich noch nicht gefrühstückt!" – „Ich als Kaufmann…!" – „Nu hören Sie doch mal zu: Wir hatten im Kriege einen Käse –" – „Das war keine Versöhnung! Es ist mir ganz egal, und wenn du platzt: Ihr habt uns betrogen, und wenn ich mal sterbe, betrittst du nicht mein Haus!" – „Erbschleicher!" – „Hast du das –!" – „Und ich sag es ganz laut, damit es alle hören: Erbschleicher! So! Und nu geh hin und verklag mich!" – „Lümmel! Ein ganz fauler Lümmel, kein Wunder bei dem Vater!" – „Und deine? Wer ist denn deine? Wo hast du denn deine Frau her?" – „Raus! Lümmel!" – „Wo ist mein Hut? In so einem Hause muß man ja auf seine Sachen aufpassen!" – „Das wird noch ein juristisches Nachspiel haben! Lümmel! …" – „Sie mir auch –!"
In der Türöffnung erscheint Emma, aus Gumbinnen, und spricht: „Jnädje Frau, es is anjerichtet –!"

4 Privatbeleidigungsklagen, 2 umgestoßene Testamente, 1 aufgelöster Soziusvertrag⁴, 3 gekündigte Hypotheken, 3 Klagen um bewegliche Vermögensobjekte: ein gemeinsames Theaterabonnement, einen Schaukelstuhl, ein elektrisch beheizbares Bidet.
1 Räumungsklage des Wirts.
Auf dem Schauplatz bleiben zurück ein trauriger Emmentaler und ein kleiner Junge, der die dicken Arme zum Himmel hebt und, den Kosmos anklagend, weit hinhallend ruft:
„Mama! Wo kommen die Löcher im Käse her –?"

R *Kurt Tucholsky*

3 unisono: einstimmig
4 Sozius: Geschäftspartner

**Aufgaben**

4. Markiere die Lexikonerklärung.

5. Was hältst du von dieser Lexikonerklärung? Notiere deine Meinung.

6. Nimm Stellung zum Verhalten der Personen und zu den Folgen, die die Abendgesellschaft hat.

7. Worum könnte es Kurt Tucholsky mit diesem Text gehen? Schreibe deine Vermutung auf.

# Der Kuss
## *Drei Möglichkeiten*

### 1

Ein verheirateter Mann gab einer Schauspielerin, mit der er an den Rheinfall gefahren war, als er mit dem Auto wartete, bis er in die Hauptstraße einbiegen konnte, einen Kuss. Dabei geriet sein Wagen ins Rollen und kam direkt vor einen Lastwagen, der nicht mehr bremsen konnte. Der Mann und die Schauspielerin waren sofort tot.

### 2

Ein verheirateter Mann gab einer Schauspielerin, mit der er an den Rheinfall gefahren war, als er mit dem Auto wartete, bis er in die Hauptstraße einbiegen konnte, einen Kuss. Dabei geriet sein Wagen ins Rollen, streifte den Anhänger eines vorbeifahrenden Lastwagens, wurde auf die gegnerische Fahrbahn geworfen, wo ein korrekt entgegenkommender Lieferwagen die Kollision nicht mehr vermeiden konnte. Der Mann kam mit einigen Rippenbrüchen und einer Gehirnerschütterung davon. Die Schauspielerin jedoch wurde durch den Unfall querschnittgelähmt und musste fortan durch diesen Mann unterhalten werden, da sowohl er als auch sie nur ungenügend versichert waren. Dies fiel dem Mann umso schwerer, als er die Schauspielerin erst am Tage des Unfalls kennen gelernt hatte und von einer Beziehung zwischen ihm und ihr keine Rede sein konnte, was aber wiederum auf seine Frau und die Gesellschaft sehr unglaubwürdig wirkte. Die Beziehung zur Schauspielerin entstand erst jetzt, nach und nach, und der Mann hatte keine Freude an dieser Beziehung, denn die Schauspielerin war dumm und geschwätzig und hatte nun sehr viel Zeit, und die Besuche belasteten sein Familienleben, und auch die Versuche, sie in die Familie zu integrieren, endeten peinlich und mühsam, weder seine Frau noch seine Kinder mochten die Schauspielerin und waren nur höflich zu ihr. Der Mann verfluchte den Tag, an dem er, einer Laune folgend, mit dieser Schauspielerin an den Rheinfall gefahren war, aber es nützte ihm nichts.

### 3

Ein verheirateter Mann gab einer Schauspielerin, mit der er an den Rheinfall gefahren war, als er mit dem Auto wartete, bis er in die Hauptstraße einbiegen konnte, einen Kuss. Dabei geriet sein Wagen ins Rollen, und er konnte gerade noch rechtzeitig bremsen, bevor der Lastwagen an ihm vorbeifuhr.
Das hätte schiefgehen können, dachte er.
Die Schauspielerin traf er später nie mehr.

*Franz Hohler*

**Aufgaben**

1. Erkläre, was das Besondere an dieser Geschichte ist.

2. Welche Auswirkungen hat der Kuss? Beschreibe alle drei Auswirkungen jeweils in einem Satz.

3. Erfinde eine vierte Fassung der Geschichte. Übernimm dazu von Franz Hohler den ersten Satz und den Anfang des zweiten Satzes.

4. Schreibe nach dem Vorbild von „Der Kuss" eine eigene Geschichte in drei Fassungen.
   Gehe so vor:
   • Überlege dir den ersten Satz einer Geschichte.
   • Gib der Geschichte eine passende Überschrift.
   • Erfinde zwei Hauptpersonen.
   • Überlege dir drei verschiedene Enden der Geschichte.

# Erholung

**Aufgabe**

1. Woran denkst du bei dem Wort „Erholung"?
   Schreibe deine Gedanken in den Cluster.

Es begann damit, dass mich die beste Ehefrau von allen aus heiterem Himmel fragte, wo wir dieses Jahr unseren unvergesslichen Urlaub verbringen würden.

„Du brauchst Urlaub", diagnostizierte die Allerbeste. „Du brauchst ihn dringend."

Meine Stellungnahme war kurz, präzise und unwiderruflich: „Auf meinem Schreibtisch türmt sich die unerledigte Arbeit, daher kann ich mir keinen Urlaub leisten. Ja, mehr noch: Ich fühle mich stark, kerngesund, überraschend jung und das allerletzte, was ich momentan brauche, ist ein Urlaub. Also, vergessen wir das. Und damit basta. Endgültig."

Die nächsten zwei Tage verbrachte ich am Telefon, um in irgendeinem Ferienort ein menschenwürdiges Logis zu ergattern. Letzten Endes buchte ich irgendetwas in einem gottverlassenen galiläischen Kuhdorf, von dessen Existenz ich noch nie gehört hatte. Ich buchte nicht etwa, weil ich so sehr darauf erpicht war, die einheimischen Kühe kennen zu lernen, sondern vielmehr, weil nach zweitägigem telefonischen Amoklauf mein rechter Zeigefinger und das linke Ohr Anzeichen einer vorübergehenden Lähmung aufwiesen.

Alles, was ich dann noch zu tun hatte, war, eine neue Badehose zu besorgen, weil meine alte zum Polieren des Tafelsilbers zweckentfremdet worden war. Gleich darauf musste ich sie wieder umtauschen, weil der weibliche Teil der Familie angesichts der zu weiten Neuerwerbung in unmäßiges Prusten ausbrach.

Die nächste Badehose war zwar lila, dafür aber wie maßgeschneidert.

Ich musste auch eine neue Sonnenbrille kaufen, weil die alte von der Sonne ausgeblichen war, ein Paar Sandalen, ein neues Sicherheitsschloss für unsere Wohnungstür sowie Mottenkugeln und eine robuste Reiseschreibmaschine.

Auch ein neuer Koffer war dringend erforderlich, um den Hotelportiers zu imponieren, eine Unterwasser-Taschenlampe und Vitaminpillen gegen Skorbut.

Dazu eine Unmenge Schlaftabletten sowie ein großer Reisewecker, um den Sonnenaufgang nicht zu versäumen.

Selbstverständlich eine Familienpackung Sonnenöl, ein Transistorradio für die Sportnachrichten, Fischfangausrüstung mit einer Packung frischer Würmer, eine neue leichtere Haarbürste, ein standesgemäßer Pyjama, vier Kilo Traubenzucker, Reiseshampoo, Schlankheitstees, Göbbels Tagebuch, ein Moskitonetz und einen neuen Wagen. Dann war nicht mehr viel zu tun. Ich musste nur noch veranlassen,

dass uns die Morgenzeitung an die Urlaubsadresse nachgeschickt wird,

dass unser Nachbar Felix Selig täglich unseren Briefkasten leert,

dass der Briefträger die eingeschriebene Post, falls welche käme, Selig aushändigt,

dass Frau Blum die Bewässerung unserer Zimmerpflanzen übernimmt,

dass der Hund, die Katze, die Kinder sowie der Goldfisch in die Obhut der Großeltern kommen,

dass zwei diplomierte Krankenschwestern die Großeltern fachgerecht überwachen,

dass Frau Geiger die Reserveschlüssel zu unserer Wohnung aufbewahrt, um ein Auge auf bevorstehende Wasserrohrbrüche zu haben, wenn möglich vielleicht von Zeit zu Zeit die Lichter aufzudrehen und Lärm zu machen, um etwaige Einbrecher zu verscheuchen,

und dass Felix Selig ein Auge auf Frau Geiger habe, während sie in unserer Wohnung herumschnüffelt.

Zu guter Letzt musste ich noch die Wohnung mit einer Zwei-Wochen-Ration Insektenschutzmittel aussprühen, Gas, Wasser und Strom abdrehen, den Telefonkundendienst beauftragen, eine umfangreiche Krankenversicherung abschließen sowie Butter, Margarine und sonstige verderbliche Esswaren aus dem Kühlschrank entfernen.

Dann allerdings brauchte ich dringend Urlaub.

Die beste Ehefrau von allen hatte wieder einmal Recht gehabt.

*Ephraim Kishon*

*Fortsetzung auf Seite 55*

*Fortsetzung von Seite 54*  **Erholung**

**Aufgaben**

2. Kläre die Bedeutung der folgenden Wörter aus dem Zusammenhang oder mit Hilfe eines Wörterbuchs.

   *diagnostizieren, Logis, imponieren, robust, Skorbut*

3. Erkläre die folgenden Formulierungen so, wie sie im Text gemeint sind.

   *aus heiterem Himmel:* _____

   *ein menschenwürdiges Logis ergattern:* _____

   *ein gottverlassenes Kuhdorf:* _____

   *ein telefonischer Amoklauf:* _____

4. Bei diesem Text handelt es sich um eine Satire.
a) Lies die folgende Kurzdefinition der Textsorte „Satire".

> Eine Satire ist eine spöttische Kritik an menschlichen Verhaltensweisen, gesellschaftlichen oder politischen Zuständen. Die Kritik wird dabei nicht direkt ausgesprochen, sondern indirekt durch Überzeichnung der Verhaltensweisen oder Zustände vorgetragen. Satiren können in ihrem Tonfall und in ihrem Inhalt bissig und verletzend oder auch freundlich und humorvoll sein.

b) Welche Verhaltensweisen oder Zustände kritisiert Kishon? Notiere Beispiele und erkläre jeweils, worin die Kritik besteht.
c) An welchen Stellen überzeichnet Kishon? Nenne Beispiele.
d) Handelt es sich um eine bissige oder um eine humorvolle Satire? Begründe deine Meinung.

5. Fasse den Inhalt dieser Satire kurz zusammen. Tipp: Gehe dabei von der Überschrift aus.

6. Schreibe selbst eine kleine Satire zum Thema „Urlaub".

# Der Tod meiner Fliege

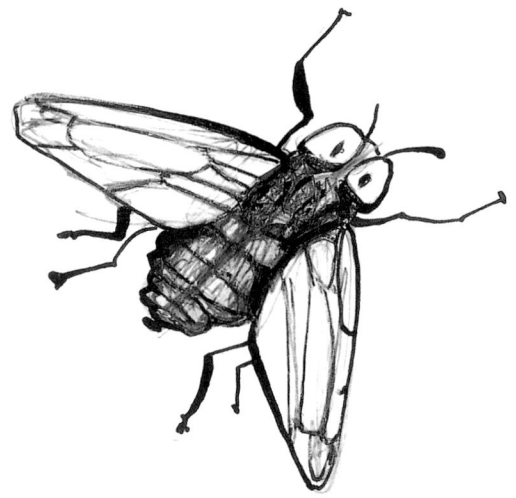

November, der Himmel ist wischtuch-grau, und über den Wiesen schwebt kalter Dunst. In meiner Arbeitsstube ist es schon warm, und es lebt dort noch eine eigensinnige Fliege. Ein Hoch auf den Eigensinn, soweit er produktiv ist, aber was mit dem Eigensinn einer Fliege? Die meiste Zeit des Tages ruht sie und sieht mir aus irgendeinem Versteck beim Arbeiten zu, aber wenn ich ruhn will, zum Beispiel am Mittag ein Stündchen, wird sie emsig. Kaum bin ich eingenickt, ist sie da und tritt sich auf meinem Bart die Füße ab oder brummelt mir Fliegenneuigkeiten ins Ohr.

Bevor ich mich hinlege, schüttele ich die Fenstergardinen, beklopfe den Wandbehang und spähe umher: Die Fliege ist nicht zu sehen. Ich schlummere ein, sie ist da und läßt sich in meiner Ohrmuschel nieder. Ich hebe die Hand, gebe mir eine Ohrfeige, und die Fliege ist weg. Woher weiß sie, wann ich schlafe? Sende ich im Schlaf einen fliegensympathischen Duft aus? Hat sie herausgekriegt, daß ich die Arme über den Kopf werfe, bevor ich einschlafe? Ich falte mir eine Fliegenklatsche, schließe die Augen und werfe die Arme über den Kopf. Ich werde doch listiger sein als eine Fliege! Aber die Fliege kommt nicht, und ich schlafe nicht. Es muß etwas anderes sein, was ihr verrät, daß ich wirklich schlafe. Erkennt sie es an meinen Atemzügen?

Nach einigen schlaflosen Mittagen sieht meine Versuchsanordnung so aus: Neben meinem Lager steht eine Flasche FLIEGENTOD mit einem Zerstäuber. Ich setze meine Brille ab, lege mein Buch weg (für den Fall, daß die Fliege meine Schlafabsichten daran erkennt), ich schließe die Augen, werfe die Arme über den Kopf und atme tief und regelmäßig. Ich laure lange hinter geschlossenen Lidern, aber die Fliege kommt nicht. Meine Mittagszeit geht herum, und ich habe nicht geschlafen. Vielleicht ist mein Versuchsobjekt morgens beim Lüften aus der Arbeitsstube geflogen?

Am nächsten Mittag lasse ich alle Fangvorbereitungen beiseite, schlafe einfach ein, und die Fliege ist da. Sie läuft ein bißchen Schlittschuh auf meiner Stirn. Ich schlage zu, die Fliege ist weg, ich bin wach, und meine Stirn rötet sich von der Selbstkasteiung. Ich frage meine Frau: „Wie seh ich aus, wenn ich schlaf?" Sie sieht mich mißtrauisch an. „Ich brauche das zum Fliegenfangen", sage ich. Meine Frau liefert mir mitleidig die geforderte Beschreibung. Nach dieser Beschreibung muß ich vor Unintelligenz strotzen, wenn ich schlafe. Ich bin unsicher, ob ich diese Dümmlichkeit im Wachen zustande bringe, doch meine Frau sagt beruhigend: „Es wird dir schon gelingen."

Am nächsten Mittag: Fliegenklatsche, FLIEGENTOD mit Sprüher, Buch weg, Brille herunter, Arme über dem Kopf, Augen zu, tiefe Atemzüge, Mund auf! Ich warte, warte. Eine Arbeit, den Mund beim Wachen offen zu halten! Es ermüdet mich, und ich nicke ein, fahre nach kurzem Schlaf wieder hoch, bin wach; nicht, weil die Fliege da ist, sondern weil sie nicht da ist. Was ist los?

Drei Tage gehen so hin: Einschlafen, kurzer Schlummer, aufwachen: Die Fliege fehlt, fehlt mir einfach. Ist ihr was zugestoßen, jetzt, da sie erreicht hat, daß mein Mittagsschlaf auch ohne sie hin ist?

Am vierten Tag finde ich sie: Ertrunken in der kleinen Blumengießkanne, die durchsichtigen Flügel ausgebreitet, die Beine wie Würzelchen von sich gestreckt. Ach ja, sie hatte vielleicht den Auftrag, ein wenig an meinen Lebensgewohnheiten zu rütteln. Ein Weiser muß solche Eingriffe zu schätzen wissen. Aber sind für tiefgehende Erkenntnisse immer erst Tode notwendig? Vielleicht, vielleicht!

Sie hat mich übrigens bei der Erforschung ihrer Intelligenz sitzenlassen, meine Fliege, und das gerade nun, da ich mir eine noch raffiniertere Versuchsanordnung ausgedacht hatte: Ich wollte mit offenem Munde wachen, schnarchen und etwas Speichel aus einem Mundwinkel rinnen lassen, weil auch das zu meinen Schlafgewohnheiten gehört, wie mir meine Frau mitteilte. Ich hatte bei der letzten Versuchsanordnung eine Lücke gelassen, weil es mir widerstrebte, wach und bewußt so unintelligent zu scheinen, wie ich's im Schlafe bin.

Nun ist für dieses Jahr die Gelegenheit hin. Ich muß bis zum nächsten November warten, aber dann werd ich sie schreiben, die grundlegende wissenschaftliche Abhandlung: Zu einigen Fragen der Erkennung des schlafenden Menschen seitens der Gemeinen Stubenfliege, musca domestica.

*Erwin Strittmatter*

*Fortsetzung von Seite 56*     **Der Tod meiner Fliege**

**Aufgaben**

1. Was versucht der Erzähler herauszufinden?

2. Nach und nach verfeinert der Erzähler seine „Versuchsanordnung". Notiere.

    Erster Versuch:

    Zweiter Versuch:

    Dritter Versuch:

3. Wie wirken die Versuche des Erzählers auf dich? Beurteile sein Verhalten.

4. Untersuche die Sprache des Textes. Gehe so vor:
    - Markiere alle Neologismen (Wortneuschöpfungen) rot.
    - Markiere Vergleiche und Metaphern (sprachliche Bilder) blau.
    - Markiere weitere Besonderheiten mit einer dritten Farbe.
    - Beschreibe nun zusammenfassend die Erzählweise des Textes.

5. Stell dir vor, du sollst die Geschichte illustrieren.
    - Welche Textstellen würdest du illustrieren?
    - Zeichne eines der Bilder oder beschreibe, wie du dir das Bild vorstellst.

6. Was will der Autor, Erwin Strittmatter, mit dieser Geschichte ausdrücken? Diskutiert.

# Wahres Geschichtchen

Neulich – im Jahre 1948 – drehte man in Tirol einen Film. Der Film war, wie sich das gehört, „zeitnahe". Weil der Film zeitnah war, das heißt, weil er im Dritten Reich spielte, brauchte man etliche SS-Männer. Weil es keine echten SS-Männer mehr gibt und weil zu wenig echte Schauspieler zur Hand waren, suchte der Regisseur unter den männlichen Dorfschönen die acht Schönsten, Herrlichsten, Athletischsten, Größten, Gesündesten, Männlichsten aus, ließ ihnen vom Kostümfritzen prächtige schwarze Uniformen schneidern und benützte beide, die Schönen und die Uniformen, für seine Außenaufnahmen. Er war mit beiden recht zufrieden. Die Alpenbewohner haben ja einen natürlichen Hang zur, sagen wir, Schauspielerei. Die Raunächte, das jesuitische Barocktheater, die Bauernbühnen – die Lust am Sichverstellen und die Fähigkeit dazu, es liegt den Leuten im Blut.

In einer Drehpause, vielleicht waren zu viel oder zu wenig Wolken am Himmel, schritten nun die acht falschen SS-Männer fürbass zum Wirtshaus. Tiroler Landwein ist etwas sehr Hübsches. Die Filmgage auch. Die acht sahen gewisse Möglichkeiten. Indes sie so schritten, kam ihnen der Autobus entgegen, der dort oben im Gebirg' den Verkehr und die Zivilisation aufrechterhält. Und weil die Tiroler so lustig sind, stellten sich unsere acht SS-Männer dem Vehikel in den Weg. Der Bus hielt. Einer der acht riss die Wagentür auf und brüllte: „Alles aussteigen!" Und ein Zweiter sagte, während er die zitternd herauskletternden Fahrgäste musterte: „Da samma wieda!" Ich weiß nicht, ob ich bei diesem Satz die richtige phonetische Schreibweise anwende. Auf alle Fälle wollte der Zweite zum Ausdruck bringen, dass nunmehr die SS und das Dritte Reich wiedergekehrt seien.

Es geht nichts über den angeborenen Trieb, sich zu verstellen, und die diesem Trieb adäquate Begabung. Die Fahrgäste schlotterten vor so viel Echtheit, dass man's förmlich hören konnte.

Die acht begannen, barsche Fragen zu stellen, Brieftaschen zu betrachten und die Pässe zu visitieren. Tirol gehört ja zu Österreich, und in Österreich hat man bekanntlich schon wieder Pässe. Während die acht nun ihre schauspielerische Bravour vorbildlich zum Besten gaben, kam der Herr Regisseur des Weges, sah den Unfug, rief seine Film-SS zur Ordnung, schickte sie ins Wirtshaus und entschuldigte sich zirka tausendmal bei den blass gewordenen Reisenden, die nervös und schnatternd auf der Landstraße herumstanden. Bei einem der Fahrgäste musste sich der Regisseur sogar drinnen im Omnibus entschuldigen. Es war ein alter, kränklicher Herr, dieser letzte Fahrgast. Er hatte vor Schreck nicht aussteigen können. Er stammte aus der Gegend. Er war das gewesen, was man heutzutage einen „Gegner des Dritten Reiches" nennt. Er hatte das seinerzeit gelegentlich zum Ausdruck gebracht und infolgedessen mit der SS Bekanntschaft machen müssen. Nun saß er also, bleich wie der Tod, in der Ecke, unfähig, sich zu rühren, stumm, entsetzt, ein Bild des Jammers. „Aber, lieber Herr", sagte der Filmregisseur, „beruhigen Sie sich doch, bittschön. Wir drehen einen zeitnahen Film, wissen Sie. Dazu braucht man SS-Männer. Die Szene, die Sie eben erlebt haben, hat weder mit dem Film noch mit der Wirklichkeit etwas zu tun. Es war eine Lausbüberei, nichts weiter. Die Buam sind Lausbuam, und Jugend hat keine Tugend, und nehmen Sie's doch nicht so tragisch. Es sind harmlose, muntere Skilehrer und Hirten aus dem Dorf hier!" Da schüttelte der alte Herr den Kopf und sagte leise: „Ich habe in dieser Gegend mit der SS öfter zu tun gehabt, Herr Regisseur. Sie haben gut ausgewählt, Herr Regisseur. Es sind ... dieselben!"

*Erich Kästner*

*Fortsetzung von Seite 58* **Wahres Geschichtchen**

**Aufgaben**

1. Kläre die Bedeutung der folgenden Begriffe aus dem Zusammenhang oder mit Hilfe eines Wörterbuchs.

   *adäquat, visitieren, phonetisch*

2. Erkläre die folgenden Formulierungen aus dem Textzusammenhang.

   *der Film war zeitnah*
   *schauspielerische Bravour*

3. Fasst die Handlung der Geschichte mit Hilfe der folgenden Darstellung zusammen.

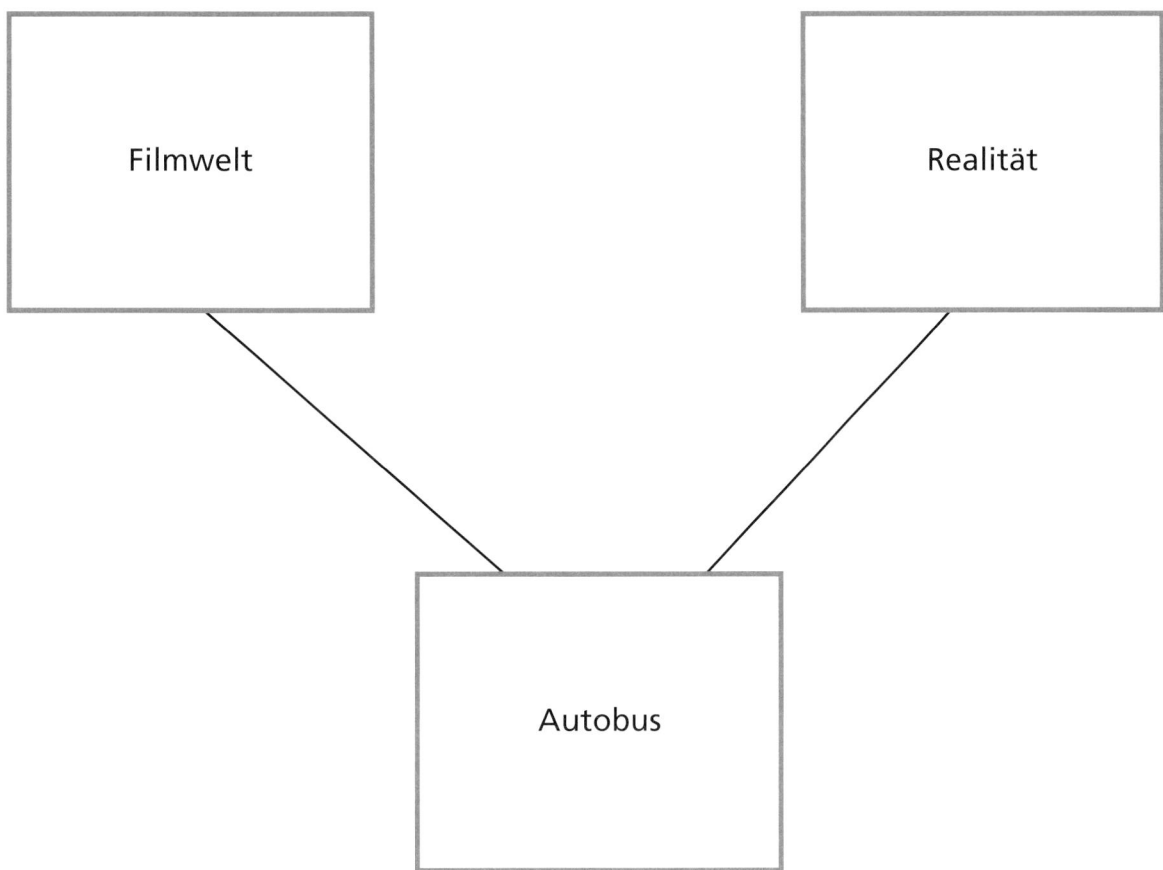

4. „Alles nur ein kleiner Spaß in der Drehpause …" Diskutiert diese Äußerung.

5. Erkläre das Ende der Geschichte. Wie ist es zu verstehen, wenn der alte Mann sagt: „Es sind … dieselben!"

6. Worauf will Erich Kästner mit seiner Geschichte aufmerksam machen? Diskutiert in der Klasse.

7. Warum nennt Erich Kästner seinen Text „Wahres Geschichtchen"? Stellt Vermutungen an.

8. Bearbeite a oder b.
   a) Der Regisseur berichtet einem Freund von dem Vorfall. Schreibe den Brief.
   b) Der alte Mann erzählt seinen Kindern von seinem Erlebnis. Schreibe aus Sicht des alten Mannes.

# Der Wortzerstückler

Es war einmal ein Junge, der hatte ein Siebgedächtnis. Das war, ihr werdet es gleich sehen, sehr unangenehm für ihn.

Sein Lehrer verlangte nämlich, dass sich die Schüler allerlei merkten, zum Beispiel:

5 Wie viel Blütenblätter hat das Scharbockskraut?
Wie verläuft die Metamorphose des Maikäfers?
Wann war die Schlacht bei Bibrakte?
Nach welchen Regeln dividiert man Brüche (einfache und gemischte)?
usw. usw. usw.

10 Wenn er sich in der Schule dies alles mühsam in den Kopf gestopft hatte, so rüttelte auf dem Heimweg, mit jedem Schritt, den er tat, der Inhalt seiner Gehirnschublade durcheinander. Manchmal fielen auch Silben und Zahlen aus seinem Siebgedächtnis heraus. Anderntags erzählte er, wenn er vom Lehrer aufgerufen wurde, merkwürdige Dinge. Die Kinder
15 warteten schon gespannt darauf, lauerten förmlich, bis er etwas Dummes sagte. Dann brüllten sie los. Je mehr sie aber lachten, umso ärger wurde es mit seinem Siebgedächtnis.

Eines Tages sagte der Lehrer: „Morgen bekommen wir hohen Besuch; der Herr Ministerpräsident beehrt uns. Jedes Kind soll ein Gedicht auswen-
20 dig aufsagen können!"

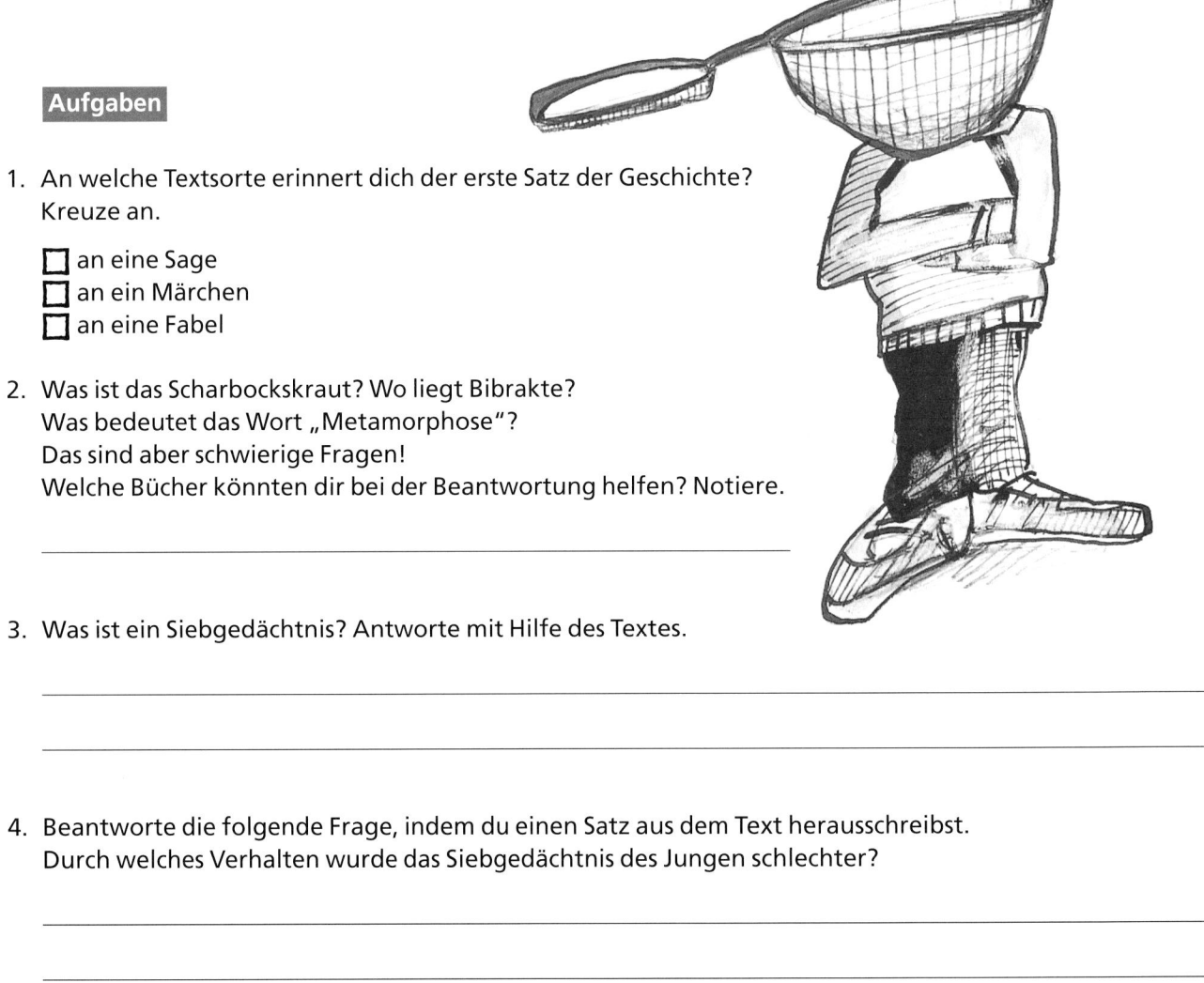

**Aufgaben**

1. An welche Textsorte erinnert dich der erste Satz der Geschichte? Kreuze an.

   ☐ an eine Sage
   ☐ an ein Märchen
   ☐ an eine Fabel

2. Was ist das Scharbockskraut? Wo liegt Bibrakte?
   Was bedeutet das Wort „Metamorphose"?
   Das sind aber schwierige Fragen!
   Welche Bücher könnten dir bei der Beantwortung helfen? Notiere.

   _____

3. Was ist ein Siebgedächtnis? Antworte mit Hilfe des Textes.

   _____
   _____

4. Beantworte die folgende Frage, indem du einen Satz aus dem Text herausschreibst.
   Durch welches Verhalten wurde das Siebgedächtnis des Jungen schlechter?

   _____
   _____

*Fortsetzung auf Seite 61*

*Fortsetzung von Seite 60*  **Der Wortzerstückler**

Der Junge wählte sich ein Rätsel aus; das war leicht, lächerlich leicht für sein Alter.
*Liebe Kinder, ratet schnell,*
*es läuft durch Wiesen klar und hell*
25 *und hat doch keine Füße?*
Er prägte es sich zu Hause ein, und am anderen Morgen auf dem Schulweg setzte er Schritt vor Schritt, als ginge er über Watte. Trotzdem stieß eine seiner Schuhspitzen an einen Stein. Die Silben seines Rätsels gerieten durch die Erschütterungen durcheinander. Es sah jetzt folgender-
30 maßen aus:
*Kiebe Rinder, schnatet lell,*
*es wieft durch Läusen har und klell*
*und dat hoch feine Küsse?*
Der Junge wartete einen Moment mit geschlossenen Augen, dass die auf-
35 gewirbelten Wortteilchen sich setzten, da fuhr ein Mädchen auf einem roten Fahrrad daher. „He, schläfst du?", rief es und bremste so scharf, dass das Vorderrad ihn noch streifte.
Zwei Stunden später trug der Junge vor dem Ministerpräsidenten Folgendes vor:
40 *Kieb Rind, schnat lell,*
*wief du Läus har kell*
*dato fein Kuss?*
Die Kinder brüllten.
Der Lehrer, der noch sehr jung war, bekam pfirsichrote Wangen.
45 Der Ministerpräsident aber wiegte den Kopf und murmelte: „Sehr interessant. Sehr interessant." Dann erhob er sich von seinem Lehnstuhl, zog eine Karte mit seiner Adresse hervor, überreichte sie dem Jungen mit den Worten: „Wenn du aus der Schule entlassen wirst, schreibe mir. Ich verschaffe dir eine Stelle als Wortzerstückler."

**Aufgaben**

5. Notiere für die unterstrichenen Textstellen andere Formulierungen mit einer ähnlichen Bedeutung.
   *Der Herr Ministerpräsident beehrt uns.*
   *Er prägte sich ein Rätsel ein.*
   *Auf dem Schulweg setzte er Schritt vor Schritt, als ginge er über Watte.*

6. Untersucht gemeinsam, was die erste Erschütterung im Gedächtnis des Jungen auslöst.
   - Zeichnet in die obere Zeile ein, wie sich die Buchstaben verschieben.
   - Kontrolliert mit der unteren Zeile, ob alles stimmt.
   Tipp: Die Buchstabenverschiebungen könnt ihr so ⌒ einzeichnen.

   Liebe (K)inder, ratet schnell, es läuft durch Wiesen klar und hell …

   Kiebe Rinder, schnatet lell, es wieft durch Läusen har und kell …

7. Bringt selbst ein Rätsel oder ein kurzes Gedicht nach einer bestimmten Regel durcheinander. Tauscht eure Texte dann untereinander aus und versucht, die Regel herauszubekommen.

*Fortsetzung von Seite 61* **Der Wortzerstückler**

50 „Was ist ein Wortzerstückler?", fragte der Junge.
„Das ist ein wichtiger Mann", erklärte der Ministerpräsident. „Dieser wichtige Mann zerstückelt die Wörter, die wichtige Männer bei wichtigen Telefongesprächen sagen. So kommen unsere Geheimnisse nicht ins Ausland."
55 Von jetzt an lachten die Kinder nicht mehr, wenn der Junge merkwürdige Dinge sagte. Sie hörten ihn im Gegenteil fast ehrfürchtig an. Im Geiste sahen sie ihn nämlich schon, wie er die Reden des Herrn Ministerpräsidenten zerstückelt. Die einen sahen ihn mit einer Schere hantieren, andere sahen ihn mit einer Ra-
60 sierklinge, noch andere mit einer Axt.
Weil die Kinder nun den Jungen für voll nahmen, wurde sein Gedächtnis täglich besser. Nach Wochen gelang es ihm, ein Gedicht fehlerfrei aufzusagen.
„Wie schade!", riefen die Kinder. „Jetzt kannst du nicht mehr Wortzer-
65 stückler werden!"
„Ist mir auch schnuppe", sagte der Junge und lachte.
„Wenn man die Wahrheit sagt, braucht man sie nicht zu zerstückeln. Da halte ich mich lieber fein raus und lerne einen anständigen Beruf. Ich werde Elektrolehrling!"
70 Heute, als Elektriker, macht das Siebgedächtnis dem jungen Mann keine Sorgen mehr. Manchmal, besonders bei Föhnwetter, lässt er noch da und dort eine Zange oder eine Drahtspule liegen – aber wem kann das nicht passieren?

*Eveline Hasler*

**Aufgaben**

8. Erkläre die folgenden Formulierungen so, wie sie im Text gemeint sind.

   *jemanden ehrfürchtig anhören:* _____

   *etwas im Geiste sehen:* _____

   *jemanden für voll nehmen:* _____

9. Erkläre mit Hilfe des Textes, was ein Wortzerstückler ist.

   _____
   _____

10. Beantworte die folgende Frage, indem du einen Satz aus dem Text herausschreibst.
    *Warum wurde das Gedächtnis des Jungen besser?*

    _____
    _____

11. Überlegt gemeinsam, warum die anderen Kinder nach dem Besuch des Ministerpräsidenten nicht mehr über den Jungen lachen? Schreibt eure Überlegung auf.

12. Wie beurteilt ihr das Verhalten der anderen Kinder gegenüber dem Jungen? Diskutiert in der Gruppe.

# Der Elefant auf Papas Auto

> **Aufgabe**
>
> 1. Lies den Text aufmerksam durch. Du sollst anschließend ein paar Fragen beantworten, ohne noch einmal im Text nachzuschauen.

„Mama", sagte Jeremy James, „auf Papas Auto sitzt ein Elefant." „Ja, mein Junge", sagte die Mama, die Augen auf den Händen, die Hände auf dem Teig, der Teig auf dem Tisch. „Mama, warum sitzt der Elefant auf Papas Auto?" „Ich nehme an, er ist müde. Wahrscheinlich steht er bald wieder auf und geht weiter." „Er sitzt immer noch da", sagte Jeremy James zwei Minuten später. „Er ist noch nicht aufgestanden. Das Auto hat sich hingesetzt, aber der Elefant ist nicht aufgestanden. Mama, meinst du, ich soll Papa Bescheid sagen?" „Nein, lass deinen Vater in Ruhe", sagte die Mama, „du weißt, er kann es nicht leiden, wenn man ihn bei der Arbeit stört." „Papa sieht Fußball im Fernsehen." „Wenn Papa sagt, er arbeitet, dann arbeitet er." „Aber ein Elefant sitzt auf seinem Auto!", sagte Jeremy James. Mama drückte Sultaninen in den Teig, als Augen und Nasen. „Und dem Auto gefällt das nicht", sagte Jeremy James. „Jeremy James", sagte die Mama, „Elefanten sitzen nicht auf Autos." „Dieser aber doch." „Elefanten sitzen nicht auf Autos. Wenn Mama sagt, Elefanten sitzen nicht auf Autos, dann sitzen Elefanten nicht auf Autos." „Aber …" „Schluss jetzt. Spiel mit deiner Eisenbahn!"

Jeremy James setzte sich auf den Teppich und spielte mit seiner Eisenbahn und dachte an den Elefanten auf Papas Auto und daran, wie stur Mamas manchmal sein können, wenn sie wollen, und wie er, wenn er eine Mama wäre und sein Sohn sagte, ein Elefant sitzt auf Papas Auto, sagen würde: „Was bist du für ein kluger Junge!" und „Danke, dass du's mir gesagt hast!" und „Hier, kauf dir ein Eis!" – anstatt bloß „Elefanten sitzen nicht auf Autos".

„Tor!", sagte das Fernsehen im Wohnzimmer. „Tor!", sagte der schwer arbeitende Papa. Und der Elefant saß immer noch auf Papas Auto. „Mama", sagte Jeremy James, denn es hatte sich etwas Neues ergeben. „Mama, der Elefant hat gerade sein großes Geschäft auf Papas Auto gemacht."

Aber Mamas Gesicht zuckte bloß wie ein Elefantenohr, das eine Fliege abschüttelt, und sie sagte nichts. „Donnerwetter! Und was für ein großes Geschäft! Mama, sieh mal, so ein großes Geschäft! Mama, warum machen Elefanten so ein großes Geschäft? Ich kann kein so großes Geschäft machen. Meins ist nicht mal ein Tausendstel! Was für ein großes Geschäft!" „Jeremy James, wenn du nicht aufhörst, gehst du sofort ins Bett. Spiel jetzt mit deiner Eisenbahn und hör mit dem Elefanten auf und vor allem mit diesem großen Geschäft. Hast du gehört?" „Ja, Mama." Kein großes Geschäft! Als ob ein großes Geschäft etwas Unnatürliches oder etwas Ungesundes ist! Man brauchte nur daran zu denken, was passiert, wenn man sein großes Geschäft nicht machte. Dann hieß es: „Jeremy James, hast du dein großes Geschäft gemacht? Du hast dein großes Geschäft noch nicht gemacht? Du bleibst so lange sitzen, bis du es gemacht hast." Aber wenn man sagt, ein Elefant hat sein großes Geschäft auf Papas Auto gemacht, dann ist es plötzlich unanständig. Warum sind die Erwachsenen mal so und mal so? Jeremy James spielte mit seiner Eisenbahn. Jeremy James sah aus dem Fenster. Der Elefant war weg. „Mama", sagte Jeremy James. „Was ist jetzt?", sagte die Mama, halb im Backofen, halb vor dem Backofen. „Der Elefant ist weg." „Hm." Das war ein typisches Erwachsenenwort: Hm. Es war nur für Erwachsene und bedeutete, was ihnen gerade passte. Jeremy James hatte einmal selber ein Hm versucht. Die Mama hatte gesagt: „Hast du dein großes Geschäft schon gemacht?" (da war großes Geschäft einmal nicht unanständig), und er hatte „hm" gemacht, weil die Erwachsenen meistens hm zu unangenehmen Fragen machten, wie z. B.: „Kaufst du mir heute etwas Schönes?" oder „Warum kriege ich nicht auch so ein Rennauto wie Timothy?" Jeremy James konnte aber offensichtlich nicht richtig hm machen, weil die Mama nämlich sagte: „Sprich ordentlich!", obwohl er doch ganz ordentlich „hm" gesagt hatte. Papa kam aus dem Wohnzimmer, das Gesicht so lang wie ein Elefantenrüssel. „Verloren", sagte Papa, „ganz zum Schluss. Ein Eigentor." Und dann lehnte sich Papa an den Türrahmen der Küchentür, wie er es immer tat, wenn er gearbeitet hatte (manchmal auch, wenn er arbeitete), und sah Mama bei der Arbeit zu, weil er wohl aufpassen wollte, dass sie auch alles richtig machte.

*Fortsetzung auf Seite 64*

*Fortsetzung von Seite 63*

## Der Elefant auf Papas Auto

Jeremy James hatte auch mal versucht, sich an den Türrahmen zu lehnen und wie Papa zu sagen (das war meistens sein letzter Satz): „Dauert es noch lange, Mama?" Aber anstelle des üblichen Hm hatte Mama „Jetzt fang du nicht auch noch an!" gesagt und ihn zum Spielen mit der Eisenbahn fortgeschickt, die ihm sowieso längst über war. „Dauert es noch lange?", sagte Papa. „Hm", sagte Mama. „Jetzt fang du nicht auch noch an!", sagte Jeremy James ganz ruhig. „Ein Eigentor", sagte Papa, „ganz zum Schluss." „War das Tor ein großes Geschäft?", fragte Jeremy James. „Ich weiß nicht, was mit dem Kind los ist", sagte Mama.

Papa richtete sich mit dem Ellenbogen in der Tür auf, nahm eine Hand aus der Tasche („Nimm die Hände aus den Taschen, Jeremy James!"), gähnte und verkündete: „Ich glaube, ich wasch jetzt das Auto." Mama sagte nicht: „Vor dem Tee lohnt es sich nicht mehr", obwohl Papa ziemlich lange auf diesen Satz wartete. Schließlich ging Papa aus der Küche, durchs Wohnzimmer in den Flur, machte die Haustür auf und ging aus dem Haus. Jeremy James stand am Fenster und überlegte, welche neuen Ausdrücke Papa wohl gebrauchen würde. Papa gebrauchte überhaupt keine Ausdrücke. Papas Kinnlade sackte herab und dann kam Papa zurück ins Haus, durch die Haustür, den Flur, das Wohnzimmer, und hielt sich am Türrahmen der Küchentür fest.

„Das Auto!", sagte Papa. Dann ging sein Mund ein paar Mal auf und zu, als ob man ihn gerade aus dem Wasser gezogen hätte. „Das Auto!", sagte er noch einmal. „Was ist mit dem Auto?", fragte Mama und strich Handcreme auf das Brot. „Es ist völlig hin! Es … es ist völlig hin! Es sieht aus, als wäre es zusammengequetscht worden! Total zusammengequetscht!" „O John", sagte Mama, die nur dann John zu Papa sagte, wenn sie sehr aufgeregt war oder wenn sie Geld von ihm wollte. „O John … ist es etwa auch … ist es etwa auch … ganz … voll Mist?" „Ja", sagte Papa, „und wie! So etwas habe ich noch nicht gesehen. Eine ganze Kuhherde muss auf dem Ding herumgetrampelt sein!" „Es war keine Kuhherde", sagte Jeremy James, „es war ein Elefant. Und ich hab ihn gesehen und ich hab's Mama gesagt, aber sie hat nicht gehört." „Ein Elefant!", sagte Papa. „Du hast einen Elefanten auf dem Auto gesehen?" „Ja", sagte Jeremy James, „und ich hab auch gesehen, wie er sein großes Geschäft gemacht hat." „Und warum, zum … hat mir keiner etwas gesagt?" „Hm", sagte Mama und Jeremy James spielte weiter mit seiner Eisenbahn.

*David Henry Wilson*

### Aufgaben

2. Bearbeite die Aufgaben a bis c, ohne im Text nachzuschauen. Kreuze an.
a) Der Elefant setzt sich
   ☐ auf einen Omnibus.　　☐ auf die Straßenbahn.　　☐ auf ein Auto.

b) Der Vater
   ☐ muss hart arbeiten.　　☐ sieht Fußball.　　☐ wäscht sein Auto.

c) Die Mutter
   ☐ glaubt Jeremy.　　☐ glaubt Jeremy nicht.

3. Erkläre das Verhalten der Mutter. Warum glaubt sie ihrem Sohn nicht?

4. Was bedeutet es, wenn Erwachsenen „hm" sagen?
   Beantworte die Frage mit einem Satz aus dem Text.

   _____

   _____

5. Was geht der Mutter am Ende der Geschichte durch den Kopf? Schreibe ihre Gedanken in der Ich-Form auf.

6. Eine Tageszeitung bringt einen kurzen Bericht über diese verrückte Geschichte. Schreibe den Bericht.

*Fortsetzung von Seite 64*   **Der Elefant auf Papas Auto**

**Aufgabe**

7. Ergänze den Comic zu dieser Geschichte.

# Unkraut vergeht nicht

Wieder war er aufs Bett geflohen, kauerte in der Ecke am Kopfende, schnaubte ins Taschentuch, schmierte den Rotz unters Bettgestell. Hannes Wilken starrte durch den Tränenschleier auf den Fußboden. Der Boden seines Zimmers sah wieder wie immer aus. Er war verdeckt von Haufen, Stapeln, Einzelteilen. Bravohefte lagen da, der Schulranzen, CDs, die Muschelsammlung, ein paar Jeans, das Mikroskop, die Münzensammlung, Comics, eine Gießkanne, ein Hammer, eine Zange, Nägel, außerdem drei Wasserpistolen und zwei Perücken, grün und lila,

das ist mein Zimmer, Zutritt verboten, ich habe dich nicht eingeladen, mach die Biege, Mann, aber ein bisschen schneller, wenn ich bitten darf, was willst du denn von mir? Immer meckern sie wegen dem Zimmer. Von mir aus braucht ihr gar nicht reinkommen. Was wollt ihr denn von mir? Aufräumen, aufräumen, häppäppäpp, häppäppäpp. Dann räumt man also auf. Alles ist ein Durcheinander in den Schränken, alles, was man braucht, ist weg. Hauptsache, einer von den beiden kommt, damit das Zimmer abgesegnet wird. Sie hat gesagt, es ist o. k. Mit dem verknuddelten Gesicht, als wäre sie ein steif gefrorener Waschlappen. Macht mir nichts aus, aber kann ich nicht ab, aber uff, sie hat o. k. gesagt und ist wieder gegangen. Endlich hat man seine Ruhe und kann weitermachen. Warum muss dann er zwei Stunden später kommen und Krach schlagen? Ich habe doch das Zimmer aufgeräumt! Mama hat es gesehen und o. k. gesagt, warum donnert er mich dann an? Andere Kinder müssen ihre Zimmer nie absegnen lassen. Soll ich vielleicht nur noch im Bett liegen und mich nicht rühren? Mama hat es abgesegnet. Danach kann ich doch machen, was ich will! Natürlich sieht es wieder so wie vorher aus. Ich bin doch keine Mumie! Ich muss mich doch bewegen! Ich weiß nicht, warum schreit er. Als wäre man ein widerlicher Wurm. Es geht bergab mit mir. Er warnt mich. Ich gehe auf dem falschen Weg. Ich meine, ich könnte alles unter mich gehen lassen. Ich glaube, das Leben wäre ein einziges Spiel. Ich meine, ich müsste nicht irgendwann schwer bezahlen. Ich werde noch an ihn denken. Ich leiste mir ein bisschen viel die letzte Zeit, dabei ist das lang her mit dem Hühnchen, warum muss er das wieder aufwärmen, das ist x Wochen her, es war doch keine Absicht, und ich habe mich entschuldigt! Unsere Klassenreise nach Schiermonnikoog, auf diese holländische Insel, Mama hat mir Hühnerbein in Alu mitgegeben. Es war viel los die ganzen Tage! In der Lieblingsdüne habe ich meine Anfangsbuchstaben in den Sand gesprungen, H und W! Und wir haben Robben gesehen, und Pannenkoeken heißt Pfannkuchen, und es gab Regensturm am Meer, und es hat mich gerannt und gestürmt!, ganz von selbst, und Olaf Janssen hat Heimweh gehabt, trotz Mutter als Reisebegleitung, und am Ende hat die Reisetasche unterm Bett komisch gestunken, bloß dass wir in Eile waren, um die Fähre noch zu kriegen, also schnell alles reinstopfen in die Tasche und das Mitbringsel-Geschenk auch nicht vergessen, und zu Haus waren die Hüh-

*Fortsetzung auf Seite 67*

*Fortsetzung von Seite 66*

## Unkraut vergeht nicht

nerbeine voller weißer wimmeliger Maden, und es hat gestunken wie beim Schlachter, Mama hat die Tasche eine Woche auf den Balkon an die Luft gehängt und mit Parfum gespritzt, und es gab schweren Krach! Warum muss er wieder damit kommen? Ich war doch dankbar für die Hühnerbeine! Ich hatte sie vergessen, nur vergessen! Ich bin ein Freundchen, das ein bisschen viel vergisst. Ich werde nichts zu lachen haben, wenn das so weitergeht. Nichts zu lachen, nichts zu leben. Am besten müsste ich den Rest des Lebens still im Bett liegen und mich nicht rühren. Am besten wäre, wenn ich eine Leiche wäre! Dann würden sie bereuen. Jana könnte nicht mehr quengeln wegen der Pistolen. Mama wäre anfangs traurig. Dann würde sie sich bald mit Jana trösten. Papa wäre froh. Aber er müsste seinen engen schwarzen Anzug anziehen, und alle gingen hinter meinem Sarg her und die Glocken würden läuten. Aus. Zu spät. Wenn das Zimmer heute Abend immer noch so aussieht wie ein Müllhaufen, erwartet mich was. Ich werde noch lernen, was Aufräumen heißt. Lieber wäre ich das Kind von Tante Ulla.

Das darf man ja nicht laut sagen. Zum Glück ist sie nicht verwandt mit uns, nur Nenntante, sonst wäre sie wie Papa oder Mama. Alles Gene und Vererbung. Ich werde später trotzdem nicht wie meine Eltern. Ich werde Arzt, wie Tante Ulla. Sie hat mir gezeigt, wie man sich gegenseitig abhorcht. Wie die Herzen schlagen! So wie leise Trommeln bei den Indianern! Und das Mikroskop hat sie mir auch geschenkt! Popel sehen aus wie Wölfe! Ich durfte ihr sogar mal eine Subcutan-Spritze geben, unter die Haut in ihre Schulter! Sie hat nicht gemuckst. War nur Wasser oder Kochsalz oder so, nur so zum Üben. Sie sagt, wir brauchen eigentlich mehr Ärzte, siehe Wartezimmerschlangen. Sie sagt, die Irrtümer des Arztes deckt die Erde, hihi, aber sie hat noch keinen aus Versehen umgebracht. Leichen hat sie trotzdem schon gesehen. Ob die Haare und die Fingernägel weiter wachsen, wenn man tot im Sarg liegt? Man müsste Haare unters Mikroskop legen, kann sein, sie sehen aus wie Schlangen oder Schläuche, lass mal sehen, oder Fliegenbeine oder aus dem Kopfkissen die Federchen.

*Sabine Peters*

### Aufgaben

1. Der Titel dieser Geschichte „Unkraut vergeht nicht" ist eigentlich eine Redewendung. Klärt in der Gruppe, was sie bedeutet.

2. Der erste Teil der Geschichte ist aus einer anderen Perspektive geschrieben als der zweite. Erkläre den Unterschied.

3. Wie sehen die Zukunftspläne des Ich-Erzählers aus? Belege deine Antwort mit Textstellen.

4. Erkläre, warum sich der Ich-Erzähler über seinen Vater ärgert.

5. Schreibe die Auseinandersetzung zwischen Vater und Sohn als Dialog auf.
   Tipp: Im Text erfährst du stellenweise genau, was der Vater sagt.

6. Erkläre den Titel im Zusammenhang mit der Geschichte.
   Beantworte dabei die folgenden Fragen:
   • *Wer oder was könnte das Unkraut sein?*
   • *Wer könnte die Worte „Unkraut vergeht nicht" sagen oder denken?*

7. Versetze dich in Hannes' Situation. Schreibe darüber einen Rap. Du kannst so beginnen:

   *Ich nahms ganz gelassen.*
   *kaum zu fassen …*

# Der Schritt zurück

Er stand ganz am Rand. Unter ihm die gleißende Wasseroberfläche. Wie geschmolzenes Blei sah es aus. In seinen Schläfen hämmerte es. Er hatte Angst, nackte Angst. Hinter sich hörte er die Stimme seines Trainers: „Spring!" Das Pochen nahm zu, gleich musste es seinen Kopf sprengen. Zwischen ihm und der Wassermasse gab es nur dieses kleine schwankende Brett, zehn Meter hoch. Leute starrten nach oben. Sie warteten. Ihre Gesichter waren feindlich. Trotzdem fühlte er sich ihnen verpflichtet. Er musste springen, damit sie ihre Sensation bekamen. Er fühlte, dass er es nicht schaffen würde. Er war noch nicht so weit. Aber er musste beweisen, dass er ein Mann war. Lieber tot sein, als sich vor diesen Gesichtern blamieren. Nur noch ein paar Sekunden atmen, dachte er, mehr verlange ich gar nicht. Er blickte nach unten. Warum lächelte niemand? Lauter gespannte weiße Ovale mit harten Augen. Sie wissen, dass ich es nicht kann. Es wurde ihm schlagartig klar. Sie wissen, dass etwas passieren wird. Warum rief ihn niemand zurück? Plötzlich tauchte ein neuer Gedanke in seinem Gehirn auf. Hatten so die Leute ausgesehen, die einer Hinrichtung beiwohnten? Waren ihre Augen so hart, so unbeteiligt gewesen? Ich bin doch einer von ihnen, wieso rufen sie mich nicht zurück? Sie wollen, dass ich mich selbst vernichte für sie. Sie verlangen, dass ich meine Angst bestrafe. Aber was werden sie nachher tun? Wenn es passiert ist, will niemand etwas dafür können. In ihm kam das Bedürfnis auf zu schreien, die Menschen da unten aus ihrer Starre zu schreien. Sie sollten nicht das Recht haben, schuldlos an seinem Unglück zu sein. Wenn sie geschrieen hätten, die Opfer der Millionen Hinrichtungen, sie hätten ihnen dieses Recht genommen. Die Übelkeit in seinem Magen verstärkte sich, nicht mehr aus Angst, sondern aus Ekel vor der Feigheit der Masse da unten. Er hätte ausspucken mögen. Stumm, wie eine Herde blöder Schafe, standen sie da unten und warteten. Aber wenn er jetzt sprang und sich für ihre Gier opferte, war er dann nicht auch so feig wie sie? Ein Schritt nur, ein Schritt. Er war so einsam. Hätte ihn jetzt jemand gerufen, wäre noch alles gut gegangen, aber sie schwiegen. Seine Verachtung stieg ins Unermessliche. Er forschte in seinem Gewissen: Wenn er sprang, war irgendetwas damit erreicht? Tat er damit etwas Falsches? Etwas Richtiges? Er wusste, was er tun sollte, warum sträubte er sich dagegen? Aber war das Springen heldenhaft, hatte es einen Sinn? Ein Schritt nur! Sein Fuß schob sich langsam vor. Dann ... ging ein Ruck durch seine Gestalt. Er richtete sich auf und drehte sich um. Ganz bewusst. Seine Unsicherheit war von ihm gewichen, der Druck, der auf ihm lastete, verschwand. Langsam kletterte er die Leiter hinab und schritt durch die starre Gruppe. Zum ersten Mal in seinem Leben trug er den Kopf hoch. Er begegnete den Blicken der anderen mit kühler Gelassenheit. Keiner sprach ein Wort oder lachte gar. Er fühlte sich so stark, als hätte er gerade die wichtigste Prüfung in seinem Leben bestanden. Er spürte so etwas wie Achtung vor sich selbst. Eines Tages würde er auch springen, das wusste er plötzlich.

*Annette Rauert*

## Aufgaben

1. Unterteile den Text in Erzählabschnitte und gib jedem Erzählabschnitt eine Überschrift.

2. Beschreibe die Gefühle des Jungen.

3. Findest du das Verhalten des Jungen feige? Nimm Stellung und begründe.

4. Erkläre, warum die Zuschauer am Ende nicht lachen.

5. Erkläre, warum der Junge am Ende Achtung vor sich selbst hat.

6. Stell dir vor, du bist ein Freund des Jungen und erlebst die Szene mit. Was sagst du ihm im Anschluss?

*Fortsetzung von Seite 68*

**Der Schritt zurück**

**Aufgaben**

7. Lies das Gedicht von Eugen Roth und erkläre, warum es hier nicht zum Sprung kommt.

## Das Sprungbrett

Ein Mensch, den es nach Ruhm gelüstet,
Besteigt, mit großem Ruhm gerüstet,
Ein Sprungbrett – und man denkt, er liefe
Nun vor und spränge in die Tiefe,
5 Mit Doppelsalto und dergleichen
Der Menge Beifall zu erreichen.
Doch lässt er, angestaunt von vielen,
Zuerst einmal die Muskeln spielen,
Um dann erhaben vorzutreten,
10 Als gält's, die Sonne anzubeten.
Ergriffen schweigt das Publikum –
Doch er dreht sich gelassen um
Und steigt, fast möcht' man sagen, heiter
Und voll befriedigt von der Leiter.
15 Denn, wenn auch scheinbar nur entschlossen,
hat er doch sehr viel Ruhm genossen,
Genau genommen schon den meisten –
Was sollt er da erst noch was leisten?

*Eugen Roth*

8. Schreibe aus Sicht des Springers im Gedicht von Eugen Roth einen inneren Monolog. Formuliere dabei seine Gedanken und Gefühle.

# Zuerst den Linken

Es war ein gewohntes Geräusch, aber es ging mir auf die Nerven, vor allem nachts. Es hatte lange gedauert, bis ich herausgefunden habe, was die Ursache der Geräusche war, immer zwei, kurz nacheinander, manchmal dumpf, manchmal polternd, aber immer zwei und immer kurz nachdem sie nach Hause gekommen war, egal um welche Zeit.

Sie wohnte über mir, ich hatte einige Male versucht, zwei Meter fünfzig unter ihr den gleichen Weg durch meine Wohnung zu machen, um dahinter zu kommen, was sie dort oben veranstaltete. Zuerst hörte man, wie sie die Tür aufschloß, dann das Klackern ihrer Absätze im Flur, das schnurstracks in die Küche führte, dort ein leises Knarren wie von einem alten Holzstuhl und schließlich die zwei polternden Geräusche wieder im Flur.

Sie schmiß ihre Schuhe von der Küche aus in den Flur. Tagsüber fiel es mir nicht immer auf, aber am späten Abend oder nachts rissen die Geräusche mich aus dem Schlaf. Wenn ich abends einschlief und sie war noch nicht zu Hause, wußte ich schon, daß sie mich wecken würde. Es nervte. Also sprach ich sie im Treppenhaus darauf an.

– Entschuldige, kann es sein, daß du deine Schuhe immer von der Küche aus in den Flur wirfst?
– Ja. Wie …?
– Nun, man hört das unten, und nachts wache ich auf davon. Ich weiß, das mag jetzt kleinlich wirken, aber ich wache halt immer auf, wenn du vielleicht …

Es schien ihr unangenehm zu sein.
– Natürlich, kein Problem. Wenn ich das gewußt hätte … Und die Musik?
– Musik stört mich nicht.

Sie schien mich nicht spießig oder kleinkariert zu finden, sie hatte mich nicht angesehen, als hätte ich ihr eröffnet, in Wirklichkeit wäre ich die Prinzessin auf der Erbse, ich glaubte, sie hätte mich verstanden.

Noch in derselben Nacht wurde ich geweckt. Ich war entspannt eingeschlafen in dem Bewußtsein, daß ich durchschlafen würde, obwohl sie noch nicht zu Hause war. Ich wurde wach von dem Geräusch ihres Schuhs. Eines Schuhs. Ich wartete. Nichts geschah. Hatte ich den ersten etwa verschlafen? Das war noch nie passiert. Ich wartete, daß sie den zweiten Stiefel – das Geräusch war so laut gewesen, es mußten Stiefel sein –, ich wartete, daß sie den zweiten Stiefel auch in den Flur schleuderte. Was sie nicht tat. Vielleicht war sie völlig erledigt, kaum fähig, sich zu bewegen. Aber was ging mich das an. Ich hatte sie gebeten, nicht mehr diesen Lärm zu veranstalten, doch sie konnte wohl nicht anders. Ich wartete auf das zweite Poltern, damit ich weiterschlafen konnte. Zwei, drei, vier Minuten der Stille. Jetzt schmeiß schon, dachte ich, jetzt mach, damit ich schlafen kann, dumme Kuh, erst sagen, kein Problem, und sich dann einen Dreck scheren um das eigene Geschwätz von heute mittag, schmeiß.

Es blieb still. Es blieb still, und ich blieb wach. Ich blieb noch eine Viertelstunde wach, in der ich auf das zweite Poltern wartete, eine Viertelstunde, in der ich mich so über diese Frau aufregte, daß ich weitere zwei Stunden brauchte, um mich zu beruhigen und einzuschlafen. Hätte sie doch gleich sagen sollen, daß ich mich anstellte, anstatt so zu tun, als würde sie meiner Bitte nachgeben. […]

*Selim Özdogan*

### Aufgabe

1. Was ist passiert? Warum hat es nur einmal gepoltert? Überlege dir eine Erklärung und schreibe einen möglichen Schluss.

*Fortsetzung von Seite 70*

**Zuerst den Linken**

**Aufgaben**

2. Lies den Originalschluss.

   – Bist du gestern nacht aufgewacht? fragte sie mich am nächsten Tag im Treppenhaus. Ich hatte leider den linken Schuh so aus Gewohnheit schon in den Flur geschleudert, und erst dann fiel mir wieder ein, daß dich das stört, und so habe ich den rechten dann ganz leise daneben gelegt.

3. Woran erkennt der Erzähler am Anfang des Textes, was die Ursache des Geräusches ist? Erkläre.

   _____
   _____
   _____

4. Versetze dich in die Frau. Stell dir vor, du bist auf den Lärm angesprochen worden, kommst nach Hause und merkst nach dem ersten Stiefel, dass dir wieder dasselbe passiert ist. Was geht dir jetzt durch den Kopf? Schreibe einen inneren Monolog.

   _____
   _____
   _____
   _____
   _____

5. Spielt die beiden Begegnungen der Figuren.

6. Zeichne einen Comic zu dieser Geschichte.

# Ein netter Kerl

Ich hab ja so wahnsinnig gelacht, rief Nanni in einer Atempause. Genau wie du ihn beschrieben hast, entsetzlich.

Furchtbar fett für sein Alter, sagte die Mutter. Er sollte vielleicht Diät essen. Übrigens, Rita, weißt du, ob er ganz gesund ist?

Rita setzte sich gerade und hielt sich mit den Händen an der Unterseite des Sitzes fest. ˣ Sie sagte: Ach, ich glaub schon, daß er gesund ist. Genau wie du es erzählt hast, weich wie ein Molch, wie Schlamm, rief Nanni. Und auch die Hand, so weich.

Aber er hat doch auch wieder was Liebes, sagte Milene, doch, Rita, ich finde, er hat was Liebes, wirklich. ˣ

Na ja, sagte die Mutter, beschämt fing auch sie wieder an zu lachen; recht lieb, aber doch gräßlich komisch. Du hast nicht zuviel versprochen, Rita, wahrhaftig nicht. Jetzt lachte sie laut heraus. Auch hinten im Nacken hat er schon Wammen, wie ein alter Mann, rief Nanni. Er ist ja so fett, so weich, so weich! Sie schnaubte aus der kurzen Nase, ihr kleines Gesicht sah verquollen aus vom Lachen.

Rita hielt sich am Sitz fest. Sie drückte die Fingerkuppen fest ans Holz. ˣ

Er hat so was Insichruhendes, sagte Milene. Ich find ihn so ganz nett, Rita, wirklich, komischerweise. ˣ

Nanni stieß einen winzigen Schrei aus und warf die Hände auf den Tisch; die Messer und Gabeln auf den Tellern klirrten.

Ich auch, wirklich, ich find ihn auch nett, rief sie. Könnt ihn immer ansehn und mich ekeln.

Der Vater kam zurück, schloß die Eßzimmertür, brachte kühle nasse Luft herein. Er war ja so ängstlich, daß er seine letzte Bahn noch kriegt, sagte er. So was von ängstlich. ˣ

Er lebt mit seiner Mutter zusammen, sagte Rita.

Sie platzten alle heraus, jetzt auch Milene. Das Holz unter Ritas Fingerkuppen wurde klebrig. Sie sagte: Seine Mutter ist nicht ganz gesund, so viel ich weiß.

Das Lachen schwoll an, türmte sich vor ihr auf, wartete und stürzte sich dann herab, es spülte über sie weg und verbarg sie: lang genug für einen kleinen schwachen Frieden. ˣ Als erste brachte die Mutter es fertig, sich wieder zu fassen. ˣ

Nun aber Schluß, sagte sie, ihre Stimme zitterte, sie wischte mit einem Taschentuchklümpchen über die Augen und die Lippen. Wir können ja endlich mal von was anderem reden.

Ach, sagte Nanni, sie seufzte und rieb sich den kleinen Bauch, ach, ich bin erledigt, du liebe Zeit. Wann kommt die große fette Qualle denn wieder, sag Rita, wann denn? Sie warteten alle ab.

Er kommt von jetzt an oft, sagte Rita. Sie hielt den Kopf aufrecht. ˣ

Ich hab mich verlobt mit ihm.

Am Tisch bewegte sich keiner. ˣ Rita lachte versuchsweise und dann konnte sie es mit großer Anstrengung lauter als die andern, und sie rief: Stellt euch das doch bloß mal vor: mit ihm verlobt! Ist das nicht zum Lachen!

Sie saßen gesittet und ernst und bewegten vorsichtig Messer und Gabeln. ˣ ˣ ˣ ˣ

He, Nanni, bist du mir denn nicht dankbar, mit der Qualle hab ich mich verlobt, stell dir das doch mal vor!

Er ist ja ein netter Kerl, sagte der Vater. Also höflich ist er, das muß man ihm lassen. Ich könnte mir denken, sagte die Mutter ernst, daß er menschlich angenehm ist, ich meine, als Hausgenosse oder so, als Familienmitglied. ˣ

Er hat keinen üblen Eindruck auf mich gemacht, sagte der Vater. ˣ

Rita sah alle behutsam dasitzen, sie sah gezähmte Lippen. Die roten Flecken in den Gesichtern blieben noch eine Weile. Sie senkten die Köpfe und aßen den Nachtisch.

*Gabriele Wohmann*

**Aufgabe**

1. Unterstreiche Textstellen, in denen der „nette Kerl" beschrieben wird.

*Fortsetzung von Seite 72*  **Ein netter Kerl**

### Aufgaben

2. An den gekennzeichneten Stellen sollen die Gedanken der Personen ergänzt werden.
a) Teilt euch so auf, dass ein Schüler für jede Stelle verantwortlich ist.
b) Ergänzt mögliche Gedanken.
c) Lest den Text nun mit euren Ergänzungen vor.
   Tipp: Ein Schüler muss als Erzähler fungieren. Er sollte langsam lesen und an den markierten Stellen eine Pause machen.

3. Zeichne eine Kurve, die Ritas Gefühle während des Gesprächs widerspiegelt.

4. Rita schreibt nach dem Gespräch einen Brief an ihren Verlobten.

# Beste Geschichte meines Lebens

Beste Geschichte meines Lebens. Anderthalb Maschinenseiten vielleicht. Autor vergessen; in der Zeitung gelesen. Zwei Schwerkranke im selben Zimmer. Einer an der Türe liegend, einer am Fenster. Nur der am Fenster kann hinaussehen. Der andere keinen größeren Wunsch, als das Fensterbett zu erhalten. Der am Fenster leidet darunter. Um den anderen zu entschädigen, erzählt er ihm täglich stundenlang, was draußen zu sehen ist, was draußen passiert. Eines Nachts bekommt er einen Erstickungsanfall. Der an der Tür könnte die Schwester rufen. Unterlässt es; denkt an das Bett. Am Morgen ist der andere tot; erstickt. Sein Fensterbett wird geräumt; der bisher an der Tür lag, erhält es. Sein Wunsch ist in Erfüllung gegangen. Gierig, erwartungsvoll wendet er das Gesicht zum Fenster. Nichts; nur eine Mauer.

*Wolfdietrich Schnurre*

**Aufgaben**

1. Warum belügt der Mann am Fenster seinen Bettnachbarn? Kreuze eine passende Antwort an. Begründe anschließend deine Wahl.

   ☐ Es ist ihm peinlich, dass er das Fensterbett bekommen hat.
   ☐ Er will den anderen neidisch machen.
   ☐ Er will dem anderen etwas Gutes tun.
   ☐ Er freut sich darüber, dass ihm der bessere Bettplatz zugewiesen wurde.

2. Formuliere die Gedanken und Gefühle des anderen Mannes, als er das Fensterbett erhält und feststellen muss, dass nur eine Mauer zu sehen ist.

3. Bearbeite Aufgabe a oder b.
a) Schreibe die Geschichte aus der Perspektive des Mannes, der so gerne am Fenster liegen würde.
b) Schreibe die Geschichte aus der Perspektive eines Arztes oder einer Krankenschwester.

# Zwillinge

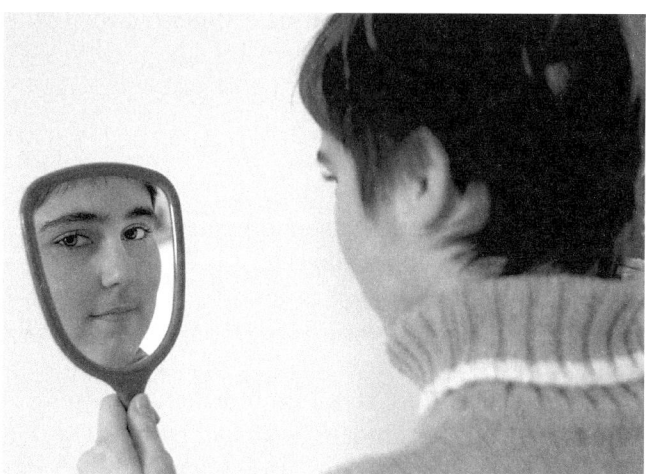

Sie wusste nicht, dass sie ein Zwilling war. Aber sie wusste, sie war eine Prinzessin. Als sie in die U-Bahn einstieg, wählte sie einen Platz, auf dem sie kein Gegenüber hatte.
5 Sie prüfte die Prinzessin, die in der schwarzen Scheibe erschien, fand sie vollkommen schön und bewunderte sie. Sie war in den Anblick so versunken, dass sie nicht bemerkte, wie jemand Platz nahm.
10 Sie sah mit Erstaunen, wie die Prinzessin sich verwandelte. Das Haar wurde bleich, die Stirn furchte sich, die Lippen zogen sich breit über die zahnlosen Kiefer. Die Prinzessin ist alt geworden, klagte sie.
15 Plötzlich erschrak sie, denn ihr Spiegelbild starrte sie nur mit einem Auge an. Das andere Augenlid war niedergeschlagen. Ihr Entsetzen löste sich in Gelächter auf. Da saß ein alter halbblinder Mann und las in einem Schmöker. Nein, die Prinzessin war nicht alt geworden. Ein hässlicher Greis las mit einem Auge in einem Schmöker, sein Glasauge aber stand weit offen und blickte sie groß und bedeutungsvoll
20 an. Der Alte erhob sich, hängte seine Tasche mit dem Riemen über die Schulter und stieg aus. Sie lief hinter ihm her. Ich bin ausgestiegen, dachte sie, warum bin ich ausgestiegen. Sie folgte ihm durch die Straßen. Es geschieht etwas, dachte sie. Nichts geschah. Kein Prinz sprach sie an, kein Zeitungsbote rief eine Nachricht aus, kein verlorener Ring lag zu ihren Füßen. Ich muss wissen, wohin es geht, dachte sie. Es ging nirgendwohin. Der Alte trat nicht in ein
25 Haus, stieg in keinen Bus, drehte sich nicht um. Er verschwand einfach. Es gab ihn nicht mehr. Sie kehrte um und nahm ihren eigentlichen Weg wieder auf. Ihre Freundin begrüßte sie. Sie tranken Tee und sprachen. Sie fragte: Ist irgendetwas passiert in der Stadt? – Nichts ist passiert, sagte die Freundin. Sie verabschiedeten sich. Die Prinzessin stieg in die U-Bahn hinab. Die Züge fuhren regelmäßig. Es gab keinen Aufhalt.

*Christa Reinig*

## Aufgaben

1. Wieso erscheint plötzlich das Gesicht eines alten Mannes in der Scheibe?
a) Notiere, was die junge Frau selbst auf diese Frage antworten würde.

b) Was würde die Autorin, Christa Reinig, wohl auf diese Frage antworten? Schreibe deine Vermutungen auf.

2. „Ich muss wissen, wohin es geht, dachte sie. Es ging nirgendwohin."
Deute diese Textstelle in übertragenem Sinne.

3. Worum geht es in dieser Geschichte? Diskutiert.
Tipp: Bezieht in eure Deutung auch die Überschrift des Textes ein.

# Lösungen

**S. 6 Ich bin das Kind der Familie Meier**
**zu 1:**
**Burli:** muss den Mund halten
**Hund:** darf bellen, so laut er will
**Burli:** muss seinen Teller leer essen
**Katze:** darf essen, was sie will
**Burli:** muss am Familienleben teilnehmen
**Goldfisch:** bleibt unbehelligt

**S. 7 Luise**
**zu 1:**
Als sie den Kopf hob, stand sie plötzlich vor drei Frauen, die lange, fremdartige Kleider trugen. Die drei sahen neugierig zu ihr. Luise blickte an sich herunter. Da war doch nichts Besonderes. Sie trug einen grünen Rock und flache Sportschuhe. Also ging sie weiter, bis an die Waschbecken heran. Eine der Frauen sagte unvermittelt, dass sie aus Mali kämen, dabei sah sie abwartend in Luises Gesicht. Luise wollte sich nur die Haare kämmen. Sollte sie jetzt sagen, dass sie aus Zerbst sei und keine Vorstellung von Mali hätte? Sie lächelte verlegen und kramte höflich in ihrer Tasche nach dem Kamm. Sie hatte ja nicht damit rechnen können, auf der Bahnhofstoilette von drei Afrikanerinnen angesprochen zu werden.
Dann wäre sie vielleicht auch gar nicht hingegangen, bestimmt nicht. Schließlich hatten sich auch die Kollegen an ihre dunklere Hautfarbe gewöhnt und versuchten nicht mehr, nach ihrem Vater zu fragen.
Luise mühte sich mit dem Kamm im krausen Haar. Die Frauen sahen interessiert und freundlich zu. Während Luise noch überlegte, ob sie jetzt eindeutig und heftig fluchen sollte oder besser ein deutsches Volkslied singen, trat eine der Frauen plötzlich näher und hielt ihr die Hand fest.
Dann fuhr sie mit einem kleinen Kämmchen, das nur drei lange Zinken hatte, in Luises Haar. Sie setzte immer wieder auf der Kopfhaut an und zog es nach oben, tat dann das Gleiche bei sich und schob das Kämmchen in Luises Tasche.
Dabei strich sie, wie zufällig, über Luises Hand, auch die beiden anderen taten das, bevor sie lächelnd aus dem Raum gingen.
**zu 6:**
Luise könnte einsehen, dass es keinen Grund dafür gibt, ihre Herkunft zu verleugnen.

**S. 8, 9 Arbeitstag**
**zu 1:**
Die Handlungen der Frau passen gar nicht zusammen.

**zu 3:**
Die Sätze stehen am Anfang und am Ende des Textes:
„Morgens halb sechs. Der Wecker läutet."
„Ich arbeite acht Stunden."
**zu 4:**
Daraus, dass die einzelnen Handlungen und Verrichtungen keinen Sinn mehr ergeben, kann man schließen, dass die Frau ihr Arbeitsleben insgesamt als sinnlos empfindet.

**S. 10, 11 Hauptsache weit**
**zu 1:**
**So hat er sich sein Abenteuer vorgestellt:**
– das Leben fängt an, Spaß
– Leute kennen lernen
– mit Wasserbüffeln spielen
– in Straßencafés sitzen
**So erlebt er sein Abenteuer:**
– unverträgliches Essen
– fensterloses Zimmer, Neonbeleuchtung, dreckiges Bettzeug
– Prostitution
– Menschen ignorieren ihn
– Insekten
**So war Deutschland für ihn:**
– eng
– langweilig
– kein Land zum Leben
**So betrachtet er Deutschland aus der Ferne:**
– als Heimat (Freunde, bekannte Prominente, verständliche Fernsehsender)
– als lebenswert

**S. 12, 13 Streuselschnecke**
**zu 1:**
Erst am Ende wird der Mann als Vater identifiziert; die Angaben zuvor („Eine fremde Stimme meldete sich …") lassen das Treffen eher ungehörig erscheinen.
**zu 2:**
**mit dreizehn:**
verlässt Mutter und Schwester; zieht nach Berlin zu Freunden
**mit vierzehn:**
erhält einen Anruf vom Vater; erstes Treffen und langsames Kennenlernen des Vaters; arbeitet neben der Schule als Putzfrau und Kindermädchen
**mit sechzehn:**
der Vater erkrankt, bittet um Sterbehilfe
**mit siebzehn:**
der Vater stirbt; die Mutter kommt nicht zur Beerdigung

# Lösungen

## S. 14, 15 Am frühen Abend
**zu 5:**
Für Saller ist der Bahnhof nur eine Durchgangsstation. Saller ist beweglich. Der Obdachlose dagegen ist bewegungsunfähig.

## S. 16 bis 19 Schöner Leben
**zu 2:**
Ein Single-Appartement ist eine kleine Ein- bis Zweizimmerwohnung, die auf die Bedürfnisse eines allein lebenden Menschen zugeschnitten ist.
**zu 3:**
„Das Problem ist, er kennt niemanden."
**zu 7:**
Sein Leben stagniert, er lernt niemanden kennen und weiß sich nicht zu helfen.
**zu 13:**
Ein denkbares Ende wäre der Selbstmord des Studenten. Möglicherweise wird ihm durch das Mädchen nochmals bewusst, was ihm fehlt: Freundschaft, Liebe, Nähe. Dass er den Fahrstuhl nach ganz oben nimmt, könnte bedeuten, dass er vom Dach des Hauses springen will.

## S. 22 bis 27 Eine mächtige Liebe
**zu 1:**
Kitti und Michl pflegen die Pflanzen der alten „Frau General".
**zu 2:**
Philodendron, Zimmerlinde, Gummibaum, Christusdorn und andere grüne Stauden
**zu 3:**
Kitti und Michl sind gerne in ihrem Urwald (Zeile 21–31). Er gewinnt für sie nach und nach die Bedeutung eines eigenen Zuhauses (Zeile 54–58).
**zu 4:**
Kitti nimmt an, dass sie ihren Vater nach der Scheidung häufiger sieht als zuvor.
**zu 6:**
Einerseits wird der Urwald immer wohnlicher. Andererseits ist Kittis Mutter froh darüber, ihre Wohnung für sich und ihren neuen Freund Otto alleine zu haben.
**zu 8:**
Man kann sagen, dass die Mutter ihre eigene Liebe ernster nimmt als Kittis Liebe zu Michl. Vermutlich glaubt sie nicht, dass Kitti durch die Trennung von Michl lange unglücklich sein wird.

## S. 29 Happy End
**zu 2:**
Sie umarmen sich, und alles ist wieder gut. Das Wort ENDE flimmert über ihrem Kuss. Das Kino ist aus. Zornig schiebt er sich zum Ausgang, sein Weib bleibt im Gedränge hilflos stecken, weit hinter ihm. Er tritt auf die Straße und bleibt nicht stehen, er geht, ohne zu warten, er geht voll Zorn, und die Nacht ist dunkel. Atemlos, mit kleinen, verzweifelten Schritten holt sie ihn ein, holt ihn schließlich ein und keucht zum Erbarmen. Eine Schande, sagt er im Gehen, eine Affenschande, wie du geheult hast. Sie keucht. Mich nimmt nur Wunder warum, sagt er. Sie keucht. Ich hasse diese Heulerei, sagt er, ich hasse das. Sie keucht noch immer. Schweigend geht er und voll Wut, so eine Gans, denkt er, so eine blöde, blöde Gans, und wie sie keucht in ihrem Fett. Ich kann doch nichts dafür, sagt sie endlich, ich kann doch wirklich nichts dafür, es war so schön, und wenn es schön ist, muss ich einfach heulen. Schön, sagt er, dieser Mist, dieses Liebesgewinsel, das nennst du also schön, dir ist ja wirklich nicht zu helfen. Sie schweigt und geht und keucht und denkt, was für ein Klotz von Mann, was für ein Klotz.

## S. 30 bis 32 Masken
**zu 1:**
„Sie hörten auch nicht, dass der Zug nach Aachen abfahrbereit war, und es störte Renate nicht, dass er wenige Sekunden später aus der Halle fuhr."
**zu 2:**
15 Jahre

## S. 33 Weidmanns Nachtgespräche
**zu 3:**
„„Die Frage lässt mich nicht mehr los", gesteht Weidmann erleichtert. „Seit neue Untersuchungen bewiesen haben, dass attraktive Männer bessere Karrierechancen besitzen. Sei bitte ganz ehrlich."
Regula Weidmann greift sich ihr Buch vom Nachttisch. „Du bist sehr attraktiv, Kurt. Ganz ehrlich."'

## S. 34 bis 36 Warum die Liebe flüchtig ist
**zu 1:**
Bereits die Anfänge der ersten drei Absätze verdeutlichen, von wem erzählt wird. Absatz 1 und 3 erzählen von ihr, Absatz 2 von ihm. Im 4. Absatz treffen die beiden aufeinander.
**zu 6:**
Das Geschehen wird aus der Perspektive des Hundes geschildert.
**zu 9:**
Mädchen – junger Mann – Hund passt zu Seite 2.
Mädchen – Hund passt zu Seite 1.
Junger Mann – Hund passt zu Seite 3.

# Lösungen

**S. 37 bis 39 Ein Tag im Juni**
**zu 1:**
Die Erzählerin spricht von sich selbst in der 2. Person (Du-Form).
**zu 2:**
Man könnte sagen, dass die Erzählerin durch die Du-Form ein gewisse Distanz zu sich selbst ausdrückt. Sie billigt ihre Handlungsweise nicht. Die Du-Form könnte auch die große zeitliche Distanz zu den Ereignissen ausdrücken.

**S. 43 Made in Hongkong**
**zu 1:**
„Made in Hongkong" bedeutet „hergestellt in Hongkong".

**S. 44 bis 46 Jodok lässt grüßen**
**zu 1:**
1. Schritt: Er bildet Sätze, in denen der O-Vokal dominiert.
2. Schritt: Er missachtet die Wortgrenzen und verwendet nur noch den Vokal O.
3. Schritt: Er ersetzt alle Nomen durch das Wort „Jodok".
4. Schritt: Er ersetzt auch die Verben durch das Wort „Jodok".
**zu 3:**
Der Ich-Erzähler erfindet die Geschichte.
**zu 4:**
Der Ich-Erzähler glaubt, dass das Geschichtenerfinden gesund ist.
**zu 5:**
Die Übersetzung könnte lauten:
SCHRECKLICHER [UNFALL]
Am [Wochentag] ereignete sich auf der [Straße] bei [Ortsangabe] ein [Unfall], der zwei [Opfer] forderte. Ein [Mann] fuhr auf der [Straße] von [Ortsangabe] nach [Ortsangabe]. Kurze [Zeit] später ereignete sich auf der [Straße] von [Ortsangabe] nach [Ortsangabe] der [Unfall] mit einem [Auto]. Der [Fahrer] des [Autos], [Vorname, Name], und sein [Beifahrer], [Vorname, Name], waren auf der Stelle tot.
**zu 6:**
Die Verben geben die Struktur vor und werden häufig im Kontext „Unfall" verwendet. Die Textsorte „Zeitungsbericht" ergibt sich aus der zusammenfassenden Zeile, die dann im Folgenden ausgeführt wird.

**S: 47 Der Kaufmann und der Zimmermann**
**zu 3:**
Das Ende des Texte lautet:

„[...] und der Kaufmann solle einen suchen, der neunhundert Gülden gefunden hätte, es wäre nicht der Sack, er hätte nicht das rechte Wahrzeichen gesagt, und der arme Zimmermann solle das Geld brauchen, bis einer käme, der nur achthundert Gülden verloren hätte. Dies Urteil lobte jedermann und war zu loben, denn Untreu schlug seinen eigenen Herrn. Und ward das Sprichwort wahr: Wer zu viel will haben, dem wird zu wenig."

**S. 50 bis 52 Wo kommen die Löcher im Käse her?**
**zu 3:**
**Mutter:** Ein Käse hat immer Löcher.
**Vater:** Die Löcher entstehen bei der Herstellung durch Feuchtigkeit.
**Onkel Adolf:** Die Löcher entstehen durch das im Käse enthaltene Kasein.
**Oskar:** Der Käse dehnt sich durch die bei der Gärung entstehende Wärme zu schnell aus.
**Onkel Siegismund:** Der Käse zieht sich bei der Gärung vor Kälte zusammen.
**Dr. Guggenheimer:** Emmentaler hat Löcher, weil er ein Hartkäse ist.
**Direktor Flackeland:** Die Löcher sind Zerfallsprodukte beim Gärungsprozess.

**S. 53 Der Kuss**
**zu 1:**
Das Besondere an dieser Geschichte ist, dass sie in drei Varianten erzählt wird.

**S. 54, 55 Erholung**
**zu 2:**
**diagnostizieren:** durch Untersuchung (eine Krankheit) feststellen
**Logis:** Unterkunft
**imponieren:** beeindrucken
**robust:** stark, kräftig
**Skorbut:** durch Vitaminmangel verursachte Krankheit
**zu 3:**
**aus heiterem Himmel:** überraschend, unerwartet
**ein menschenwürdiges Logis ergattern:** eine ruhige und saubere Unterkunft auftreiben
**ein gottverlassenes Kuhdorf:** ein sehr einsam gelegenes kleines Dorf
**ein telefonischer Amoklauf:** hier: endloses Telefonieren

**S. 56, 57 Der Tod meiner Fliege**
**zu 1:**
Der Erzähler versucht herauszufinden, wie die Fliege erkennt, dass ein Mensch schläft.

# Lösungen

**S. 58, 59 Wahres Geschichtchen**
**zu 1:**
**adäquat:** angemessen, entsprechend
**visitieren:** hier: zu untersuchen
**phonetisch:** betrifft die Lehre von den Lauten
**zu 2:**
**der Film war zeitnah:** kurz nach dem Ende des Dritten Reichs
**schauspielerische Bravour:** Glanzleistung

**S. 60 bis 62 Der Wortzerstückler**
**zu 1:**
an ein Märchen
**zu 2:**
Lexikon, Atlas, Wörterbuch
**zu 4:**
„Je mehr sie aber lachten, umso ärger wurde es mit seinem Siebgedächtnis."
**zu 5:**
Zum Beispiel:
Der Ministerpräsident **besucht** uns.
Er **merkte** sich ein Rätsel.
Auf dem Schulweg **ging er ganz vorsichtig**.
**zu 8:**
**jemanden ehrfürchtig anhören:** jemandem andächtig (sehr genau) zuhören
**etwas im Geiste sehen:** sich vorstellen
**jemanden für voll nehmen:** jemanden ernst nehmen, anerkennen

**zu 10:**
„Weil die Kinder nun den Jungen für voll nahmen, wurde sein Gedächtnis täglich besser."

**S. 63 bis 65 Der Elefant auf Papas Auto**
**zu 2:**
a) auf ein Auto
b) sieht Fußball
c) glaubt Jeremy nicht
**zu 4:**
„Hm. Es war nur für Erwachsene und bedeutete, was ihnen gerade passte."

**S. 66, 67 Unkraut vergeht nicht**
**zu 1:**
Diese Redensart bezieht sich auf die Zähigkeit des Unkrauts im Garten. Sie kann negativ angewandt werden, im Sinne von „das Schlechte stirbt nicht aus", oder positiv, wenn jemand, der zum Beispiel krank ist, von sich selbst sagt: „Unkraut vergeht nicht."
**zu 2:**
Die Geschichte wechselt in Zeile 17 in die Ich-Perspektive.

**S. 74 Beste Geschichte meines Lebens**
**zu 1:**
Er will dem anderen etwas Gutes tun.

# Quellenverzeichnis

**Textquellen**

S. 6: Christine Nöstlinger, Ich bin das Kind der Familie Meier. Aus: Hans-Joachim Gelberg (Hrsg.), Eines Tages. Beltz & Gelberg in der Verlagsgruppe Beltz, Weinheim & Basel 2002.

S. 7: Christine Lambrecht, Luise. Aus: Christine Lambrecht, Dezemberbriefe. Geschichten. Deutscher Taschenbuch Verlag, München 1986. © bei der Autorin.

S. 8: Herta Müller, Arbeitstag. Aus: Herta Müller, Niederungen. Rotbuch Verlag, Berlin 1988.

S. 10: Sibylle Berg, Hauptsache weit. Aus: „Das Unerfreuliche zuerst" von Sibylle Berg. © 2001 by Verlag Kiepenheuer & Witsch.

S. 12: Julia Franck, Streuselschnecke. Aus: Julia Franck, Bauchlandung. Geschichten zum Anfassen, Deutscher Taschenbuch Verlag, Köln 2000. © DuMont Literatur Verlag, Köln 2000.

S. 14: Hans Joachim Schädlich, „Am frühen Abend". Aus: Hans Joachim Schädlich, „Ostwestberlin". Copyright © 1987 by Rowohlt Verlag GmbH, Reinbek bei Hamburg.

S. 16: Martin Brinkmann, Schöner Leben. Aus: Martin Brinkmann, Werner Löcher-Lawrence (Hrsg.): 20 unter 30. Junge deutsche Autoren. Deutsche Verlags Anstalt, München. © beim Autor.

S. 22: Christine Nöstlinger, Eine mächtige Liebe. Aus: Nöstlinger, Eine mächtige Liebe. Beltz & Gelberg in der Verlagsgruppe Beltz, Weinheim & Basel 1991.

S. 28: Tanja Zimmermann, Eifersucht. Aus: Total verknallt. Ein Liebeslesebuch. Rowohlt, Reinbek bei Hamburg 1984, S. 119. © bei der Autorin.

S. 29: Kurt Marti, Happy end. Aus: Kurt Marti, Neapel sehen. Erzählungen. Werke Band 1. Ausgewählte Erzählungen aus Dorfgeschichten. Bürgerliche Geschichten, Nachtgeschichten. Mit einem Vorwort von Elsbeth Pulver. © 1996 Nagel & Kimche im Carl Hanser Verlag, München-Wien.

S. 30: Max von der Grün, Masken. Aus: Max von der Grün, Fahrtunterbrechung und andere Erzählungen, HEVA, Hamburg 1965.

S. 33: Martin Suter, Weidmanns Nachtgespräche. Aus: Martin Suter, Business Class. © 2000 Diogenes Verlag AG Zürich.

S. 34: Simone Buchholz, Warum die Liebe flüchtig ist. Aus: Uwe-Michael Gutzschhahn (Hrsg.), Sommerliebe. Deutscher Taschenbuch Verlag. © bei der Autorin.

S. 37: Sylvia Plath, Ein Tag im Juni. Aus: Sylvia Plath, Zungen aus Stein. Erzählungen. Aus dem Amerikanischen von Julia Bachstein und Susanne Levin. © der deutschen Ausgabe: Frankfurter Verlagsanstalt GmbH, Frankfurt am Main, 1989.

S. 41: Mustafa Haikal, Eine Räubergeschichte. Aus: Hans-Joachim Gelberg (Hrsg.), Eines Tages. Beltz & Gelberg in der Verlagsgruppe Beltz, Weinheim & Basel 2002.

S. 43: Franz Hohler, Made in Hongkong. Aus: Eine Stadt geht über Land. Weinheimer Bildergeschichten – Bildergeschichten und Comics für Kinder. Mit phantastischen Märchen von J. Guggenmos, F. Hohler, E. Moser u.a. Beltz & Gelberg, Weinheim 1980. © beim Autor.

S. 44: Peter Bichsel, Jodok lässt grüßen. Aus: Peter Bichsel: Kindergeschichten. © Suhrkamp Verlag Frankfurt 1997.

S. 50: Kurt Tucholsky, Wo kommen die Löcher im Käse her? Aus: Kurt Tucholsky, Gesammelte Werke. © 1960 by Rowohlt Verlag GmbH, Reinbek bei Hamburg.

S. 53: Franz Hohler, Der Kuss. Aus: Franz Hohler, Die Rückeroberung. Deutscher Taschenbuch Verlag, München 1995. © Luchterhand.

S. 54: Ephraim Kishon, Erholung. Aus: Ephraim Kishon: Abraham kann nichts dafür. © 1984 by Langen Müller Verlag in der F. A. Herbig Verlagsbuchhandlung GmbH, München.

S. 56: Erwin Strittmatter, Der Tod meiner Fliege. Aus: Erwin Strittmatter, 3/4 hundert Kleingeschichten. © Aufbau-Verlag Berlin und Weimar, 1980.

S. 58: Erich Kästner, Wahres Geschichtchen. Aus: Fürs Publikum gewählt erzählt. Prosa aus sechs Jahrzehnten Kabarett, Henschelverlag, Berlin 1966. © Atrium Verlag, Zürich, und Thomas Kästner.

S. 60: Eveline Hasler, Der Wortzerstückler. Aus: Jutta Radel (Hrsg.), Spaßgeschichten zum Vorlesen. Loewe Verlag, Bindlach 1991. © bei der Autorin.

S. 63: David Henry Wilson, Der Elefant auf Papas Auto. Aus: David Henry Wilson, Jeremy James oder Elefanten sitzen nicht auf Autos. © Verlag Friedrich Oetinger, Hamburg 1980.

S. 66: Sabine Peters, Unkraut vergeht nicht. Aus: Sabine Peters, Nimmersatt, S. 80–83. © Wallstein Verlag, Göttingen.

S. 68: Annette Rauert, Der Schritt zurück. Aus: In Geschichten uns wiederfinden. Teil 2. Landesstelle der Katholischen Landjugend Bayerns, München.

S. 69: Eugen Roth, Das Sprungbrett. Aus: Eugen Roth. Sämtliche Werke 1/5. München 1977. © Dr. Thomas Roth.

S. 70: Selim Özdogan, Zuerst den Linken. Aus: Selim Özdogan, Trinkgeld vom Schicksal. Geschichten, S. 84/85. © Aufbau Taschenbuch Verlag GmbH, Berlin 2003.

S. 72: Gabriele Wohmann, Ein netter Kerl. Aus: Gabriele Wohmann: Habgier. Erzählungen. Rowohlt Taschenbuch, Reinbek bei Hamburg 1978. © bei der Autorin.

S. 74: Wolfdietrich Schnurre, Beste Geschichte meines Lebens. Aus: Wolfdietrich Schnurre, Der Schattenfotograf. Paul List-Verlag, Lizenzausgabe Bertelsmann, 1978.

S. 75: Christa Reinig, Zwillinge. Aus: Christa Reinig, Feuergefährlich. © 1985 Verlag Klaus Wagenbach Berlin.

**Bildquellen**

S. 10: Schapowalow/Atlantide
S. 15: Kröner, Udo/allOver
S. 37: Stankiewicz, Thomas/LOOK GmbH
S. 55: Caro/Göttlicher
S. 66: Peter Kunz, Berlin
S. 75: www.bilderbox.com

Nicht bei allen Abbildungen und Texten konnten wir die Rechteinhaber ausfindig machen. Berechtigte Ansprüche werden wir im üblichen Rahmen vergüten.